떼제 공동체와 로제 수사

REGINE KUNTZ-VEIT
FRÈRE ROGER
Die Güte des Herzens

Copyright © 2005 Kreuz Verlag, Stuttgart
part of Verlagsgruppe Dornier GmbH

First published as "Frère Roger – Die Güte des Herzens" in Germany in 2005
by Kreuz Verlag, 70565 Stuttgart, part of Verlagsgruppe Dornier GmbH
All rights reserved

Translated by YOON Sun-Ah
Korean translation Copyright © 2010 by Benedict Press, Waegwan, Korea
Korean translation edition is published by arrangement with Kreuz Verlag, Germany

떼제 공동체와 로제 수사
2010년 2월 초판
옮긴이 · 윤선아 | 펴낸이 · 이형우

ⓒ 분도출판사

등록 · 1962년 5월 7일 라15호
718-806 경북 칠곡군 왜관읍 왜관리 134의 1
왜관 본사 · 전화 054-970-2400 · 팩스 054-971-0179
서울 지사 · 전화 02-2266-3605 · 팩스 02-2271-3605
www.bundobook.co.kr

ISBN 978-89-419-1002-2 03230

값 12,000원

이 책의 한국어판 저작권은
Kreuz Verlag와 독점 계약한 분도출판사에 있습니다.
저작권법에 의해 한국 내에서 보호를 받는 저작물이므로
무단 전재와 무단 복제를 금합니다.

떼제 공동체와 로제 수사

레기네 쿤츠파이트 엮음 | 윤선아 옮김

분도출판사

머리말

'착하고 어진 마음'은 세상 어디서나 만날 수 있다. 프랑스 부르고뉴의 작은 마을도 그 가운데 하나다. 수십 년 전부터 세계 방방곡곡의 사람들, 특히 젊은이들이 이 마을로 모여들고 있다. 형제애를 삶에서 구체적으로 실천하고자 하는 이 공동체의 노력은 수많은 사람의 마음을 사로잡았다. 이 노력은 화해의 상징이 되었고, 생동하는 교회를 이룩하는 데 큰 몫을 했다. 교회가 그들의 미래를 믿을 때, 모든 일에서 그리스도를 신뢰할 때, 교회는 비로소 살아 숨 쉴 것이기 때문이다.

이 성공적인 실험을 수십 년 동안 이끈 사람은 다름 아닌 로제 수사다. 시작은 혼자 했지만 결실은 형제들과 함께 맺었다. 2005년 8월, 그가 피살되자 사람들은 불쑥 이런 물음을 던졌다. "로제 수사가 선종한 후에도 떼제가 존속할까? 그렇다면 떼제는 어떤 모습일까?" 이 물음에 대한 답을 찾기 위해 우리는 떼제 공동체를 찾아갔다. 공동체는 두 팔 벌려 우리를 맞아 주었고 친절하게 대해 주었다. 우리가 안고 있는 물음들에 대한 대답을 찾도록 도와주었다.

이 책은 독자를 큰 영적 힘과 깊은 신앙으로 데려가고자 한다. 떼제에 한번 가 본 수많은 젊은이와 성인成人들은 그곳을 몇 번이고 다시 찾곤 한다. 그들이 이 공동체에서 "환영합니다! 당신이 여기에 와서 참 좋습니다"라는 말을 듣고 또 직접 경험하기 때문이다. 이뿐 아니다. "집으로 돌아간다니 기쁩니다. 우리 공동체에서 얻은 경험을 집으로 가져가 이 경험을 살려 무슨 일이든 한다면 더욱 좋겠습니다." 또는 "집에 갈 때 당신이 하느님을 신뢰한다는 생각을 같이 가져간다면 좋겠지요. 당신이 어디에 살든 그곳에서 다른 이들을 위한 그리스도인이 될 수 있다는 사실을 기억하세요. 당신이 이해한 그 작은 것이 실은 참으로 큰 것이라는 사실을 발견한다면 좋겠습니다."

떼제가 '성공한' 이유는 아마도 이 공동체가 사람들, 특히 젊은이들을 그곳에 '붙잡아 두지' 않고 세상에 파견하기 때문일 것이다. 공동체 수사들은 사람들을 그곳에 묶어 두려 하지 않는다. 그들은 그리스도라는 길을 사람들과 함께 가고자 한다. 떼제를 찾아간 사람들의 경험이 이를 아주 인상 깊게 말해 주고 있다. 이 책에서 우리는 로제 수사의 글을 다시 만난다. 그가 옆에 앉아 그의 충만한 삶에 대해 이야기해 주는 듯하다. 로제 수사 이후 알로이스 수사가

'공동체를 섬기는 일'을 맡았다. 알로이스 수사는 이 책에서 떼제의 앞날을 전망한다. 그가 보여 주는 미래는 로제 수사 선종 후에도 떼제는 변함없이 존속될 것이라 믿을 용기를 준다. 떼제는 여전히 사람들의 마음을 사로잡을 것이고, 공동체를 찾아온 사람들의 삶에 큰 영향을 미칠 것이다. 교파를 초월하여 세계 곳곳에서 젊은이들이 모여들 것이다. 가난, 불의, 인류의 고통에 맞선 싸움은 지칠 줄 모르고 계속될 것이다.

이 책 끝 부분에는 로제 수사의 죽음과 관련된 정황이 언급된다. 로제 수사가 피살된 뒤 떼제에 날아온 수많은 편지와 장례식 추도사에는 깊은 연대감과 우정이 가득 담겨 있다. 이 책에 실어 그에 담긴 위로와 감사의 마음을 독자에게 전하고자 한다.

오랜 시간 열린 마음으로 대화를 나누어 준 떼제 수사님들께 감사드린다. 느닷없이 닥친 어려움 속에서도 결코 일상적이라 할 수 없는 이 책의 발간을 승낙하셨고 책을 내려는 동기를 이해해 주셨다. 수사님들을 만나 본 사람들은 그들이 언론이나 출판에서 자주 거론되기를 바라지 않는다는 걸 잘 알고 있을 것이다.

떼제에 동행한 크리스티네 라이에게도 감사한다. 그의 해박한 지식과 풍부한 경험이 이 책을 쓰는 데 큰 도움이 되었다. 기획과 출간을 서둘러 준 크로이츠 출판사에도 감사의 뜻을 전한다.

특히 젊은이들이 이 책에서 자극을 받아 떼제를 한번 찾아가면 좋겠다. '세상을 변화시키는 힘, 착하고 어진 마음'이 모든 사람에게 예외 없이 베풀어지고 있다는 사실을 거기서 경험하길 바란다.

'떼제 노래'를 인용하면서 머리말을 마감하고자 한다. 이 노래는 로제 수사가 세상을 떠난 2005년 여름, 떼제와 깊은 유대를 맺고 있던 사람들에게 아주 소중했다.

나의 희망, 나의 기쁨,
나의 힘, 나의 빛.
그리스도는 나의 믿음.
내가 당신을 믿으니
두렵지 않습니다!

2005년 9월 로르히
레기네 쿤츠파이트

머리말　5

제1장　신뢰의 순례길　13
　　　하느님은 우리가 행복하기를 바라신다　14

제2장　나는 이 가족을 택했습니다　41
　　　받아들이고 화합하기　42
　　　내가 떼제에서 찾고 있는 것　50
　　　폴 리쾨르를 추모하며　56
　　　성찬, 내면으로 가는 여행　58
　　　교황 요한 바오로 2세의 떼제 방문　62
　　　평화의 미래　70
　　　믿음의 장소 떼제　82

제3장　떼제 노래　91
　　　결단성 있고 신중하게 성경 대하기　92
　　　단순함과 반복이 지닌 신비　95

제4장 **유럽 젊은이 모임** 105
    왜 젊은이 모임을? 106
    슈투트가르트 1996/97년 112
    웁살라 2000/01년 122
    함부르크 2003년 124

제5장 **한 세기와 함께한 삶** 129
    로제 수사, 자신의 삶을 말하다 130
    국경을 초월한 우정 148

제6장 **떼제는 많은 뜻을 담고 있는 암호** 155
    떼제와의 만남 156
    떠남과 도착 168
    물음이 제기되는 곳 174
    하느님이 가까이 계심을 느꼈다 191
    하느님은 사랑만 하실 수 있다!? 196

제7장 **투쟁과 관상** 201
　　　삶은 계속된다! 훨씬 더 멀리! 202

제8장 **어진 마음과 사랑** 215
　　　로제 수사의 생애 216
　　　90세 생일에 주고받은 편지 222

제9장 **내가 너의 이름을 불렀다** 225
　　　교계 대표와 정계 인사들의 추도 서한 226
　　　벗님들의 조문 편지 246
　　　당신께 성실한 이들의 죽음이 주님의 눈에는 소중하네 257
　　　장례식 259

맺는 말 267
사진 271
집필진 285

제1장
신뢰의 순례길

하느님은 우리가 행복하기를 바라신다

2005년 9월 떼제, 레기네 쿤츠파이트

알로이스 수사와 크리스티네 라이와 나눈 대화

떼제 공동체는 지속될 것인가? 어떻게 지속될 것인가? 로제 수사가 선종한 후 몇 주 동안 많은 사람이 끊임없이 이 물음을 던졌다. 새 원장 알로이스 수사는 떼제를 어떻게 이끌고 갈 것인가? 이 질문이 던져진 이유는, 개신교 신자였던 전임자의 자리를 가톨릭 신자가 물려받거나 그 반대인 경우가 가능한 공동체는 그리스도교 안에서 결코 흔하지 않기 때문일 것이다. 떼제를 '개신교식'으로 또는 '가톨릭식'으로 이끌 수 있는가? 로제 수사는 유서를 남겼는가? 떼제의 존속을 위해 어떤 노력을 했는가?

로제 수사의 장례식을 치른 지 열흘 후에 우리는 모든 물음을 배낭에 넣고 떼제를 찾아갔다. 현장에서 직접 보고 듣고 대화를 나누고 싶어서였다. 뿐만 아니라 로제 수사가 피살된 후 떼제에 어떤 일이 일어났는지, 어떤 변화가 있는지 피부로 느끼고 싶었다. 우리가 안고 있던 모든 물음에 대한 답을 얻을 수 있으리라는 희망과 함께 그 대답 속에서 떼제의 앞날을 그려 보고자 했다.

새 원장 알로이스 수사

초교파 공동체 떼제의 설립자 로제 수사는 2005년 8월 16일에 피살되었다. 51세의 알로이스 뢰저Alois Löser 수사는 그 후임자다.

제2차 세계대전 후 그의 부모는 고향 에거란트를 등져야 했다. 알로이스 수사는 독일 뇌르트링거 리스에서 태어나, 바덴뷔르템베르크 주 슈투트가르트(성 니콜라우스 교구)에서 어린 시절을 보냈다. 거기서 고등학교를 졸업하고 프랑스의 리옹에서 가톨릭 신학을 공부했다. 전공은 교부학이었다. 알로이스 수사는 사제가 아니다. 그는 30여 년째 떼제 공동체의 일원이다. 열예닐곱 살 때 처음으로 친구들과 함께 떼제를 찾았고 후에는 혼자 자주 떼제를 방문했다. 얼마 후 그는 일 년 동안 공동체에서 일하기로 했다. "그 일 년이 길어져 지금 내 삶이 되었다"고 알로이스 수사는 말한다. 약속한 일 년이 지났지만 그는 집으로 돌아가지 않았다. 어머니 마리아, 동생 잉그리트, 형 프란츠는 지금도 슈투트가르트에 살고 있다. 로제 수사가 피살된 후 어머니 마리아는 아들이 앞으로 맡을 일이 결코 쉽지 않을 것이라고 말했다.

'내던져졌습니다'

떼제에서 그 끔찍한 사건이 일어났을 때 알로이스 수사는 다른 수사들과 '세계 청년 대회'가 열리고 있던 쾰른에 있었다. 쾰른은 떼제에서 자동차로 몇 시간이나 걸리는 먼 곳이다. 그는 졸지에, 실로 억지스럽게 새로운 직무에 '내던져졌다'. 알로이스 수사는 이 '내던져졌다'는 표현이 자기가 처한 상황의 핵심을 극명하게 보여 준다고 솔직하게 말했다. 사실 공동체 수사들은 이미 오래전에 모든 것을 합의해 두었다. 15년 전쯤 로제 수사는 후임자를 확정했다. 8년 전에 매년 열리는 '참사회'에서 수사들은 후임자 문제에 대한 각자의 의견을 표명했으며 알로이스 수사가 로제 수사의 자리를 물려받는 것에 동의했다. 이렇게 보면 모든 것이 준비되어 있었다고 할 수 있다. 그러나 다른 한편으로는 준비된 것이 하나도 없었다.

"로제 수사는 무슨 지침이나 유서, 공동체 규칙 같은 것을 따로 남기지 않았습니다. 그분은 그저 이곳 떼제 공동체 안에서 더불어 사셨을 뿐입니다. 여기에 사는 수사들의 성격이나 살아온 삶이 너무나 다르지만 로제 수사는 우리 모두에게 이루 말할 수 없이 큰 영향을 주었습니다. 바로 이 점이 그 어떤 규칙보다 중요하며 '이것은 이렇게 하고 저것은 저렇게 하라'고 쓰인 문서보다 훨씬 중요하다고 봅니다. 로제 수사는 공동체 생활을 규정짓는 작은 규칙을 아주 오래전에 적어 놓았습니다. 이것이 『떼제의 작은 원천』*Die kleine Quelle von Taizé*입니다. 이것은 그전에 있던 『떼제 규칙』*Die Regel von Taizé*의 한 부분이었어요. 로제 수사가 수년 전에 이 규칙에 '떼제의 원천'*Die Quellen von Taizé*이라는 새 이름을 붙였습니다. 내가 맡은 직무가 무엇인지, '참사회'가 어떤 기능을 하는지에 대한 지침은 단 몇 줄밖에 없습니다."

공동체의 종

공동체의 종은 공동체 한가운데 서 있는 사람으로, 형제들이 힘을 합해 진정한 공동체를 실현하는 일에 전력을 다하도록 도와야 한다. 그는 형제들과 함께 하느님의 뜻, 즉 사랑을 깨닫기 위해 애써야 한다.

이 일을 하려면 그에게는 형제들과 마찬가지로 훌륭한 판단력, 자비의 정신, 다함없는 어진 마음의 은총이 필요하다. 자기 뒤를 이어 떼제의 존속을 보장할 후임자는 그가 정한다.

『떼제의 원천』

참사회

참사회에서 우리는 마음의 고요를 찾는다. 그리스도 안에서 가난한 사람인 우리는 부름 받은 사람으로서 복음의 활력을 발견하기 위해 노력할 것이다. 우리는 공동체 발전을 위해 성령의 은총을 충만하게 받고자 한다.

'반드시 ~해야 한다'라는 권위적인 말은 그 무엇보다 우리를 마비시킨다. 흑백논리는 공동생활의 바람직한 기초가 못 된다. 그리스도를 향해 가는 사람들이 온갖 핑계와 구실의 모래밭으로 도망가기 바쁘다면 앞으로 나아갈 힘을 어디서 얻을 수 있겠는가?

『떼제의 원천』

알로이스 수사가 얇은 책을 들어 중간쯤 펼쳐 보였다. "복음서에서 발췌한 몇몇 구절이 있습니다. 우리 공동체 삶에 맞는 말씀이라고 생각해서 택한 구절들이지요. 아주 짧은 글 안에 본질적인 내용이 쓰여 있어요. 말하자면 핵심이 되는 주제입니다. 이 주제 안에 다른 모든 주제가 묶여 있는 셈입니다." 책의 여기저기를 골라 읽어 준 후 알로이스 수사는 그중 몇 부분을 뽑아 내가 쓰는 책에 실을 것을 권했다. 이 구절들은 따로 설명할 필요가 없다고 덧붙였다.

오래고 새로운 도전

알로이스 수사는 숙소 쪽으로 난 길에서 우리를 맞았다. 밝은 방 탁자 위에 촛불이 켜져 있고 로제 수사의 작은 사진이 세워져 있다. 정원이 내다보이는 방은 차분하고 아늑해서 오래 머물고 싶었다.

알로이스 수사는 로제 수사가 피살된 8월 16일, 그 극적인 시간에 수사들이 겪은 충격에 대해 솔직하고 꾸밈없이 이야기했다.

"소식을 듣자마자 쾰른을 떠났습니다. 쾰른에 있던 나와 수사님들은 떼제에서 이 일이 터진 지 한 시간쯤 지나서 소식을 들었습니다. 기도를 하고 있었는데 한 수사님이 소식을 전해 주었어요. 다행히 어느 부부가 그날 밤 나를 떼제로 데려다 주겠다고 하더군요.

다음 날 아침 6시 30분에 떼제에 도착했습니다. 곧 아침기도가 시작되었어요. 사건 직후에도 모든 일이 큰 혼란 없이 계속되었고 특히 청소년들이 그 힘든 시간을 견뎌 낸 것은 정말 놀라웠어요. 그때 떼제에는 3,000명 정도 있었는데 사건이 일어난 날 저녁에는 당연히 모든 사람이 엄청난 충격에 빠졌지요. 그런데 다음 날 아침기도 분위기가 너무 차분해서 놀랐습니다. 사건이 일어났을 때 로제 수사 바로 옆에 있던 사람들은 물론 충격이 더 컸습니다. 가까이에서 다 목격했으니까요. 이들에게는 아직도 도움이 필요합니다.

이곳에 있던 수사님과 수녀님들이 그들을 도왔고 아직도 돕고 있어요. 떼제 밖에서도 의사, 심리치료사, 구급대원들이 와서 많은 일을 해 주었습니다. 자정쯤에 경찰이 와서 언덕에 아직 많은 사람이 넋을 놓고 앉아 있으니 이 사람들을 한데 불러 모으라고 하더군요.

수사들은 자정에 종을 쳤습니다. 정말 모든 사람이 모였습니다. 그리고 누가 시킨 것도 아닌데 함께 기도하기 시작했습니다. 많은 떼제 노래를 불렀고 산상 설교의 참행복에 대한 말씀을 읽으며 기도를 계속했습니다. 한밤중에 진행된 이 기도 시간에 떼제의 원로 수사 중 한 분인 프랑수아 수사님이 사람들에게 다시 상황을 설명한 후 다 함께 평화의 인사를 나누자고 말했습니다."

기도

그대는 기도에 이렇다 할 응답을 들을 수 없다고 생각할지 모르지만 그리스도의 신비에 가득 찬 현존은 결코 그대를 떠나지 않는다. 의문이 생기겠지만, 그대 안에는 그분의 영원한 현존의 신비가 들어 있다.

때로는 "제게 무엇을 바라십니까?" 하고 그분께 묻고 있는 자신을 보고 놀랄 때가 있을 것이다. 그리고 그대는 부활하신 분께 말한다. "어린아이의 기도인 저의 기도를 들어주십시오. 제가 매 순간 당신께 모든 것을 맡기게 하소서."

하느님은 우리의 기도가 필요한 분이 아니다. 그럼에도 그분께서 기도를 중요하게 여기시는 것은 신비다. 그분은 인간의 모든 말을 다 이해하신다. 고요한 마음으로 그분 곁에 앉아 있는 것이 기도다. 입술을 움직이지 않아도 그대의 마음이 그분을 향해 말하고 있다. 그리스도께서는 성령을 통해 그대가 생각하는 것보다 더 많이 그대 안에서 기도하고 계신다.

여러 사람이 함께 기도할 때는 찬양의 영이 보이지 않는 분의 모습을 알아보도록 해 준다. 그때 그대는 어떤 의미를 직접 영접한다. 그 의미는 그대를 사랑에 대한 놀라움으로 채울 것이다.

다른 사람들과 함께 기도를 드릴 때 가끔 주의가 산만해지더라도 걱정하지 말라. 기도에 참여하고 있다는 사실이 이미 그대가 살아 계신 하느님을 기대하고 있음을 증명한다. 이 기대가 관상의 서막이다. 그대의 일상에서 일과 휴식은 하느님의 말씀을 통해 비로소 살아 움직인다.

"주님, 원수에게서 나를 건져 주시니 찬양받으소서!"라는 옛 기도를 기억하라. 그대를 시험하는 자에게는 "내 생의 단 일 초도 너에게 바치지 않겠다!"라고 용감하게 말하라. 그리스도께서는 성찬을 통해 자신을 선사하신다. 성찬은 흠모받아 마땅한 그분의 현존이며 가난하고 의지할 데 없는 그대를 위해 있다.

『떼제의 원천』

알로이스 수사가 말을 잇는다. "조금 전에도 말했듯이 사건 다음 날 내가 여기에 도착했을 때 모두 평정을 되찾고 있는 게 참 놀라웠어요. 그 후엔 모든 일이 정말 전과 다름없이 이루어졌습니다. 뭘 깊이 생각할 틈도 없었어요. 모든 일은 계속되어야 했고, 처리해야 할 일도 아주 많았어요. 그런 사건이 일어나긴 했지만 그럼에도 떼제에 와 있던 3,000명이나 되는 사람들의 숙식을 해결하고 그들을 돌보는 일을 그만둘 수는 없었으니까요. 장례식에 참석하기 위해 세계 각국에서 올 손님을 맞을 준비도 해야 했습니다.

그렇게 할 일이 많았던 게 참 다행이었습니다. 지금도 그때 우리가 바빠 일해야 했던 것에 감사하고 있어요. 우리 공동체 모두가 일치단결했습니다. 이 사실이 나와 수사들에게 큰 힘이 되었습니다. 어려운 상황을 겪으며 우리가 얼마나 단단하게 결집되어 있는지 새삼 분명하게 깨달았습니다. 일할 때도 손발이 척척 맞아서 수사들은 자기가 해야 할 일이 무엇인지, 한 가지 일을 끝내고 나면 다음에 무슨 일을 해야 하는지 잘 알고 있었어요. 이런저런 일을 어떤 식으로 처리하는 것이 좋은지 미리 토론할 필요도 없었습니다.

떼제 마을과 이웃 마을에서 경찰, 의사, 심리치료사가 와서 많이 도와주신 것을 특별히 기억하고 싶습니다. 가까운 마을 사람들뿐 아니라 세계 방방곡곡에서 날아온 염려의 말에 이르기까지 깊은 연대감을 평소보다 더 분명하게 느꼈어요. 바로 이 연대감이 어려운 시기에 우리를 지탱해 주었고 계속 일할 힘을 주었습니다. 사방에서 전해진 깊은 연대감에 참으로 감사하고 있어요."

혼자가 아니다

그대는 그리스도와 복음을 위해 삶을 바치려 한다. 외롭고 어두운 밤에도 그리스도와 함께 빛을 향해 가고 있음을 기억하라.

지난날을 그만 되돌아보고 예수 그리스도의 자취를 따라가라. 그분께서 그대를 빛의 길로 안내하신다. 그분은 "내가 세상의 빛이다"라고 말씀하시고 "너희는 세상의 빛이다"라고도 말씀하신다.

그대는 많은 사람을 위해 주 예수 그리스도의 길을 닦으려고 한다. 인류의 어두운 밤에도 스스로 불을 밝히고자 한다. 예수 그리스도께서는 몇몇 사람이 아니라 모든 사람을 위해서 오셨음을 그대는 알고 있다. 그분은 당신을 (단 한 사람도 빼놓지 않고) 모든 사람과 묶으셨다. 하느님께서는 모든 것을 감싸는 크나큰 마음을 그대 안에 넣어 주셨다.

시작도 끝도 모르는 한 삶이 그대 안에서 자라나는가? 그곳에서 그대는 복음의 기쁨을 열어 주는 문으로 다가가게 될 것이다. 그 기쁨 안에서 다른 사람들과의 연대가 뿌리내린다. 가깝고 먼 모든 사람이 살 수 있도록 척박한 땅을 가꾸는 일, 이것이 복음의 중요한 부분 가운데 하나다. 그대는 삶이라는 연필로 이 복음을 쓴다.

그대가 인류 가족 한가운데 살면서 끊임없는 변화와 굴곡을 겪을지라도 자신을 잊고 헌신한다면 그 모든 것을 견뎌 낼 수 있을 것이다. 새로운 파도가 밀려올 때마다 거기에 휩쓸리지 않고 이해하려고 노력하고 있는가? 그리스도의 몸이며 그분의 교회인 사랑의 공동체 안에서 빈손으로 화해를 이룩해 내고 있는가? 서로 힘을 합해 노력할 때 그대 마음에도 용기가 생길 것이다. 기뻐하라. 그대는 이제 혼자가 아니다. 앞으로 무슨 일을 하든 형제들과 함께 인생길을 간다. 그대는 형제들과 함께 모든 이에게 진정한 공동체를 실현해 보이라는 소명을 받았다.

『떼제의 원천』

로제 수사 이후의 떼제

알로이스 수사는 잠깐 말을 멈추고 눈을 들어 먼 곳을 보았다. 맡은 일이 힘들다는 기색은 찾아볼 수 없다. 몇 주 동안 중요한 임무를 짊어지고 있었음에도 전혀 마음이 무거워 보이지 않는다. 형제 수사들은 알로이스 수사가 어떤 심각한 상황에서도 웬만해서는 마음의 평정을 잃지 않는다는 것을 잘 알고 있다. "이곳이 서서히 예전 모습을 되찾아 조용해지고 정상으로 되돌아가고 있는 요즘, 내가 어떤 책임을 맡고 있는지 나날이 더욱 분명해지고 있습니다." 그는 감사함이 가득 담긴 음성으로 덧붙였다. "로제 수사를 대신할 수 있는 사람은 어디에도 없습니다. 우리는 그를 흉내 낼 수 없을뿐더러 그리고 싶지도 않습니다. 그의 많은 면모가 유일무이한 것이지요. 혼자 여기 와서 '초교파 공동체를 세우겠다'고 결심한 것만 해도 그렇습니다. 당시에 이런 결단을 내린다는 것은 상상도 못할 일이었지요. 로제 수사는 어떤 어려움도 두려워하지 않았습니다.

이 자리에서 그분의 일생을 다 이야기할 수는 없고 몇 가지만 이야기할까 합니다. 1960/70년대는 사회 전체에 변혁이 일어나던 어려운 시기였지요. 때문에 많은 젊은이가 떼제를 찾아왔습니다. 그들은 교회와 사회에 대한 비판을 가득 안고 왔어요. 우리는 그들의 말을 들어 주었습니다.

그러나 기도가 의문에 붙여진 적은 한 번도 없었습니다. 젊은이들은 기도 시간이면 어김없이 기도하러 왔습니다. 기도는 계속되었습니다. 기도는 로제 수사가 '초창기'에 세운 여러 기둥 중 하나입니다. 그 시기는 이제 지났습니다. 그러나 지금 이 기둥들은 우리가 그것을 기초로 삼아 더 튼튼한 집을 짓는 데 많은 도움을 줍니다. 우리 수사들이 이곳 떼제에서의 삶에 전력을 다한다는 것, 삶을 위해 온 힘을 기울이고 있다는 것, 우리 손으로 직접 일해서 먹고산다는 것, 이 모든 것이 처음부터 아주 중요했고 앞으로도 이를 바꿀 사람은 없을 것입니다."

와서 나를 따르라

신뢰하는 마음이 모든 일의 시작이면 좋으련만. 하느님을 신뢰함, 믿음은 아주 간단한 것이다. 너무도 간단해서 모든 사람이 이를 받아들일 수 있으련만. 신뢰는 한 번 크게 뛰기 위해 수천 번 도움닫기를 하는 것과 같다. 그대가 결단코 의심해서는 안 될 것이 하나 있다. 당신의 뜻을 관철하기 위해 하느님이 인간을 협박하는 일은 절대로 없다는 사실이다. 그리스도께서는 우리가 괴로워하는 것을 결코 원하지 않으신다. 하느님을 근원으로 삼는 삶이 그분을 두려워하는 삶이라고 생각하는가? 그렇다면 그대 마음속으로 깊이 들어가 보라.

하느님은 사랑이시다. 그분의 사랑은 돌판에 새겨진 율법이 아니다. 그분의 뜻은 성령에 의해 마음 깊은 곳에 쓰였다. "예"라는 대답이 자신도 모르게 그대의 근원 깊은 곳에 쓰여 있었음을 어느 날 알아차렸다. 그대는 그리스도를 따르는 길을 택했다. 침묵 안에서, 그리스도의 현존 안에서 그대는 그분의 말씀을 이해했다. "와서 나를 따르라, 내가 마음 쉴 곳을 주겠다." 그러자 그대는 마지막 숨을 거둘 때까지 그분을 따르겠다고, "예"라고 말할 용기를 얻었다.

그리스도는 그대에게 이렇게 말씀하실지도 모른다. "나는 모든 것을 겪었다. 사람의 어질고 관대한 마음을 체험했으며, 나를 유혹하려는 악마도 여러 번 만났다. 시련이 닥쳐도 멈추지 않고 나아가 나의 삶을 바쳤다."

『떼제의 원천』

종신서원

종신서원은 그대를 늘 깨어 있게 한다. 초기에는 아직 남아 있을 법한 미숙함과 일말의 인간적 결함은 사랑의 불 속에서 사윈다. 결코 꺼지지 않는 불이 계속 타오르게 하라. 그러면 서원이 내면에서 불타오를 것이다.

독신 서원은 그대의 삶을 온전히 바치는 데서 완성된다. … 그리고 결함들이 극복된다. 인간적 애정, 사랑의 감정, 고독한 순간들이 찾아올 것이다. 그러나 그대 아닌 다른 분이 이것들에 새로운 빛을 비추어 주실 것이다. 그러면 그대의 영혼은 그분께 노래할 것이다. "저는 그리스도께 속한 사람입니다. 저는 그리스도를 힘입어 삽니다."

『떼제의 원천』

"떼제 공동체를 받쳐 주는 또 다른 기둥이 있지요. 하루 세 번 드리는 기도, 교회 일치를 위해 부름 받았다는 사실, 문화와 종교를 초월하여 세상 모든 사람에게 마음 문을 여는 자세입니다. 사람들이 이곳의 만남에 참여하러 온다면 우리는 앞으로도 모든 사람, 특히 젊은이들을 맞을 것입니다. 언제까지나 그들의 말을 주의 깊게 경청할 것입니다. 귀 기울여 듣고 또 들을 것입니다."

알로이스 수사는 로제 수사의 말을 인용한다. "누군가의 동반자가 되어 주고 그의 말에 귀 기울이는 사람은 상대방으로 인해 자신도 모르는 사이에 본질적인 것으로 이끌린다."

남의 말을 귀 기울여 듣고 또 듣기! 평생 동안 섬세한 마음으로 다른 사람의 마음이 되어 보는 연습을 한 사람은 자기에게 마음을 털어놓는 몇 마디만 듣고도 남을 이해할 능력을 지니게 된다. 남의 말에 귀 기울이는 사람은, 인간이 결점투성이면서도 빛을 발할 수 있고 영혼의 나약함과 충만함을 다 지닌 존재임을 이해하게 된다.

"귀 기울여 듣기 위해서는 '착하고 어진 마음'을 꼭 갖추어야 합니다." 알로이스 수사가 고개를 들어 나를 보았다. "이것이 당신이 쓰려고 하는 책의 핵심이 될 것입니다. 로제 수사가 말한 적이 있습니다. '하느님은 결코, 단 한 번도 인간의 마음을 괴롭히시지 않는다. 그분은 우리 과거를 그리스도의 마음속으로 가라앉혀 버리시고 우리 미래를 염려하신다. 형벌이 무서워 하느님을 사랑하는 것은 그분을 제대로 사랑하지 않는 것이다. 하느님은 우리를 당신 자비로 감싸신다. 아름다운 옷을 짜듯이 그분은 우리 삶을 용서의 실로 짜 주신다. 그분의 용서에 대해 조용히 묵상하면 소박한 마음 가운데서 착하고 어진 빛이 발한다. 이 마음은 하느님의 영이 이끄는 마음이다.'" 알로이스 수사는 힘찬 어조로 덧붙인다. "세상을 변화시킬 수 있는 착하고 어진 마음, 이 힘, 이 마음을 우리는 로제 수사의 죽음 이후에도 결코 잊지 않으려 합니다. 우리를 위해서는 물론이고 떼제를 찾는 모든 사람을 위해서도 중요합니다.

사람들은 여기서 일주일 동안 머물다 갑니다. 우리는 일주일만이라도 그들과 동행하고자 합니다. 나를 포함한 우리 모두가 결코 원하지 않는 것이 있습니다. 그것은 '떼제 운동'을 벌이는 일입니다. 다시 말해 떼제를 주축으로 조직되는 무엇이든 우리는 함께하지 않겠습니다. 일주일을 여기서 지낸 후 모두가 이곳을 떠나 집으로, 자기 나라로 돌아갑니다. 이곳 떼제에서 얻어 가는 것, 혹은 여기서 깨달은 것을 집에 돌아가 각자의 삶 가운데서 어떻게 실천에 옮길지는 스스로 찾아내야 합니다."

어진 마음, 자비, 신뢰

어진 마음, 자비, 신뢰. "이 개념들이 떼제 공동체의 토대이자 상징이지요." 내가 이렇게 말하자 알로이스 수사는 이 개념들을 자신에게 적용시켜 이 개념에 관련된 의무를 정리해 주었다.

"이 개념들을 살아 있게 하고 삶에서 계속 채우는 일, 나는 이를 위해 애쓰고자 합니다. 이 개념들 자체가 무엇을 말해 주는 것은 아닙니다. 이 개념들이 나와 우리 공동체를 받쳐 주고 있는지, 앞으로도 계속 받쳐 줄 것인지는 우리의 삶이 보여 줄 것입니다.

앞날과 내가 맡은 일에 대한 두려움은 없습니다. 물론 미래에 대한 물음은 있지요. 하지만 우리는 삶이 그냥 다가오도록 놓아두어야 합니다. 복음서에서 배울 수 있듯이 오늘 걱정은 오늘로 충분합니다. 로제 수사님은 『하느님의 오늘 살기』*Im Heute Gottes leben*라는 책을 썼지요. 이 책은 의무와 책임에서의 도피를 주제로 삼고 있지 않습니다. 오늘날 많은 사람은 모든 일을 계획하고 싶어 안달합니다. 그러다가 모든 것을 다 계획할 수 없다는 사실을 깨닫곤 하지요. 갑자기 직업을 잃어 그동안 세운 계획이 물거품이 되는 수가 있고, 병이 들어 인생의 계획을 바꿔야 할 경우가 있습니다. 좋은 일이든 나쁜 일이든 일어날 때마다 있는 그대로 받아들이고 인정하는 자세, 그러면서 신뢰를 잃지 않는 자세가 중요합니다. 신뢰, 희망, 마음의 평화는 신비에 가득 찬 현존, 즉 그리스도의 현존에서 솟아납니다.

로제 수사님이 늘 강조했듯이, 하느님은 삶이 우리에게 주는 모든 것 한가운데서 우리가 행복하기를 바라십니다. 삶에는, 한 가지를 발견하고 나서 다음 것을 발견하기 위해 나아가도록, 자꾸만 새롭게 시작하도록 우리를 이끄는 힘이 있어야 합니다. 이렇게 되려면 우리는 삶 가운데 어김없이 나타나는 수많은 어려움을 인정하고, 그러면서도 그 모든 것 안에서 마음의 평화를 찾기 위해 애써야 합니다. 그러면 삶은 아름다울 것입니다. 기대하지 않은 그 무엇이 터져 나올 것입니다. 이는 소극적인 것이 아니라 적극적인 것입니다. 깊은 신뢰로 사는 삶입니다. 나는 공동체를 이끌어 갈 사람으로서 그때그때 우리 앞에 주어지는 일, 나의 과제이자 우리의 과제이며 우리 공동체가 하겠다고 약속한 일에 마음을 쓰려고 합니다. 바로 이 때문에 공동체가 영원히 존속되리라 믿고 있습니다! 물론 내가 생각하거나 원하는 것과는 전혀 다른 방향으로 나아갈 수도 있습니다. 그래서 마음의 귀를 열고 정확하게 듣는 일이 매우 중요하지요. 하느님은 무엇을 바라시는가? 그분은 오늘 우리에게 무엇을 원하시는가? 무엇이 더 큰 사랑의 길이며 더 큰 신뢰의 길인가? 대답을 찾은 후에는 그 대답을 실천에 옮길 용기가 중요합니다.

신뢰가 마음의 고요를 보장하지는 않습니다. 오히려 모험의 시작입니다. 로제 수사님에게 신뢰는 평생에 걸친 치열한 싸움이었습니다. 그는 말과 글을 통해 신뢰를 거듭 강조했습니다. 우리는 늘 새롭게 신뢰를 회복해야 합니다. 신뢰는 우리 마음속에 항상 있는 것이 아닙니다. 거듭 새롭게 듣고 하느님께서 주신 선물로 받아야 합니다. 하느님께서 이 신뢰를 선사하십니다. 그러면 우리는 모험을 시도할 용기를 얻습니다. 다른 사람에 대한 신뢰, 우리 자신에 대한 신뢰, 자신이 지닌 능력과 재능에 대한 신뢰도 마찬가지입니다."

젊은이들은 자기에게 어떤 능력이 있는지 아직 잘 모를 것이다. 그들은 떼제에서 신뢰를 배운다. 젊은이들은 로제 수사를 신뢰했다. 그가 늘 열린 마음으로 그들을 대했기 때문이다. 알로이스 수사는 이를 기억하면서 격월간 「떼제 편지」*Berief aus Taizé*를 집어 든다. "로제 수사님은 신뢰와 믿음에 대해 말할 때 '나에게는 다 있다'고 말한 적이 없습니다. 누구나 삶에서 끊임없이 찾아야 한다고 말씀하셨고 자신도 늘 찾는 사람이라고 하셨습니다. 그래서 젊은이들이 로제 수사님을 신뢰했습니다. 그는 마지막 편지에서 평생에 걸친 암중모색에 대해 썼습니다. '하느님의 사랑은 의심하는 마음속에서도 피어날 수 있다!' 로제 수사님은 도스토예프스키를 특히 좋아했지요. 신앙인이었던 이 러시아 작가는 의심이 그의 마음을 뒤덮을 때도 불안해하지 않았습니다. 로제 수사님은 이 문호의 말을 즐겨 인용했습니다. '나는 의심이 많고 믿지 못하는 사람이다. 믿음에 대한 목마름으로 나는 끔찍한 고통을 겪었고 지금도 겪고 있다. 내 영혼 안에서 믿음을 거부하는 소리가 커지면 커질수록 믿음에 대한 갈증은 더 심해진다. 내 영혼은 의심의 연옥불을 거쳐서야 비로소 하느님을 찬미할 수 있게 되었다.' 그런 의심 속에서도 도스토예프스키는 '그리스도보다 더 아름답고, 더 깊고, 더 온전한 것은 없다. 다른 것은 없을뿐더러 있을 수도 없다'고 말했습니다.

이에 대해 로제 수사님은 말했습니다. '하느님의 사람인 도스토예프스키는 그의 마음 속에 믿지 않는 사람과 믿는 사람이 나란히

서 있다고 고백했다. 그러나 이것이 그리스도에 대한 열정적 사랑을 약하게 하지는 않았다. 의심에서 출발하여 하느님에 대한 티 없고 소박한 신뢰를 향해 나아가는 사람은 복되다! 아침 안개가 걷히듯 영혼의 밤도 밝아지리라. 그러면 영혼에는 남의 눈에만 그럴듯하게 비치는 신뢰가 아니라 진정한 신뢰가 깃든다. 이 신뢰가 있으면 머뭇거림 없이 행동하고 이해하고 사랑할 용기를 얻는다.'"

떼제가 하는 일의 한계와 물음들

떼제는 오늘날의 사회정책과 관련된 많은 물음을 모른 척 비켜가지 않는다. 아시아, 아프리카, 남아프리카에 작은 떼제 공동체가 있고 거기서 떼제의 수사들이 일하고 있다. 때문에 전 세계 사회정책에 대해 떼제는 많은 것을 알고 있다.

파견되는 형제들

파견되는 형제들은 그리스도의 표징이 되라는 소명, 그분에 대한 기쁨을 드러내는 사람이 되라는 소명을 받았다. 그들이 사는 곳에서는 성체의 현존으로 인해 초라한 집도 살 만한 곳으로 바뀐다. 그대가 가난한 사람들의 삶을 함께 나눌 때 하느님은 그대가 그곳에 있다는 것만으로도 인류의 곤경을 변화시키신다. 그대는 이 사실을 아는가? 어디에 있든 그대는 다른 형제 수사들과 똑같은 소명을 그대 안에 간직하고 있다. 그러니 남이 시키지 않더라도 그대의 삶을 통해 우리 전 공동체의 사명을 반영하도록 힘써라.

『떼제의 원천』

이 점에 대해서도 알로이스 수사는 자신의 입장을 솔직하게 밝힌다. "우리는 떼제에서 일하면서 에이즈, 인구 과잉, 빈부 격차, 세계화, 억압받는 여성, 아동·노동 문제, 전쟁에 부닥치고 있습니다. 이 문제들에 직면할 때 가끔은 무력해지기도 하고 해결책이 없다는 생각이 들기도 합니다. 그럴 때 소극적으로 되지 않으려면 '신뢰'가 중요합니다. 이 문제들에 대한 빠르고 신속한 대답이나 간단한 해결책이 없기 때문에 더욱 그렇습니다. 해결되지 않는 문제들을 붙들고 살기란 쉽지 않습니다. 빠르고 간단한 대답이 없다는 사실을 참고 견디는 것은 변명이 아니며 발뺌하는 것은 더욱 아닙니다. 떼제에 산다는 것은 별나라에 사는 것도, 낙원에 사는 것도 아닙니다. 지난주에 여기서 일어난 사건이 이를 보여 주었습니다. 우리 모두 에덴 동산의 다른 쪽에 살고 있습니다. 떼제도 마찬가지입니다. 이 절박한 문제들은 우리를 재촉합니다. 세계 각국의 젊은이들이 여러 문제를 여기에 가져와 우리 앞에 펼쳐 놓습니다. 각 대륙에 있는 떼제 공동체의 수사들도 이 문제들에 대해 알려 줍니다.

나는 이 실존적 난제들에 직면해서 귀 기울여 정확히 듣는 자세가 중요하다고 봅니다. 완전히 다른 경험 세계에서 나온 간단하고 빠른 해결책을 사람들에게 제시하지 않는 것도 중요하다고 생각합니다. 우리는 먼저 그때그때의 상황을 이해할 자세를 갖추어야 합니다. 이 변화 과정에는 오랜 시간이 걸립니다. 사랑, 희망, 신뢰로 이 과정에 동참해야 합니다. 우리에게 모든 문제에 대한 빠른 대답이나 문제를 명백하게 밝혀 줄 조언은 없습니다. 사람들에게는 내 말이 순진하고 무능력하게 들릴지도 모르겠습니다. 그러나 나는 여기서 우리의 오랜 친구이자 동반자인 철학자 폴 리쾨르가 한 말에 의지하고자 합니다. '이 세상에 악이 너무 많아 하느님을 믿을 수 없다고 말하는 사람들에게 나는 대꾸할 말이 없다. 하느님의 유일한 힘은 상대방의 반감을 무력하게 만드는 사랑이다. 하느님은 우리가 고통스러워하는 것을 원하지 않으신다. 하느님은 사랑할 힘 외에 다른 힘이 없으시다. 우리가 고통스러워할 때 우리에게 도움되는 말씀을 주실 힘밖에 없으시다. 하느님은 인간의 고통을 결코 냉담하게 바라보시지 않는다. 그분은 우리의 고통을 함께하신다.'

우리에게는 삶을 통해 그리스도를 보여 주고, 사람들의 고통을 덜어 줄 모든 가능한 방법을 모색한다는 사실이 처음부터 중요했습니다. 로제 수사님은 이를 기도로 표현했습니다. '위로의 성령이여, 저희는 죄 없는 사람들의 고통이 우리 마음을 흔드는 세상에 살고 있습니다. 당신께서 그들의 고통과 함께하신다는 것을 저희가 보여 줄 수 있도록 도와주소서.'"

성찬

알로이스 수사는 고통을 함께하고 자비를 구체적으로 실천하는 길이 그리스도인들을 어디로 이끄는지 설명한다.

"이 길은 우리를 성찬으로 이끕니다. 성찬은 자신을 그리스도께 완전히 맡기고 그리스도를 영접함을 뜻합니다. 복음서에는 자신을 완전히 바쳐 구원받고 온전히 되는 것보다 더 큰 사랑은 없다고 쓰

여 있습니다. '주님, 제 안에 주님을 모시기에 합당치 않사오나 한 말씀만 하소서. 제가 곧 나으리이다!'

'합당치 않다'는 말은 우리가 하느님에게, 하느님 앞에서 합당하지 않다는 뜻이 아닙니다. 그러나 우리의 삶 가운데는 하느님과 우리를 떼어 놓는 잘못들이 정말 있지요. 우리가 이 사실을 분명하게 보고 인정하는 것이 중요합니다.

하느님은 우리를 삶 가운데서 아무 조건 없이 받아들이십니다. 그렇다고 우리 삶의 모든 것을 다 좋게 여기시는 건 아닙니다. 하느님은 우리 잘못과 부족함을 짊어지고 계십니다. 이것을 이해하는 법을 우리는 천천히 배우고 있습니다. 이것을 배우려면 먼저 우리 잘못을 볼 줄 알아야 합니다. 하느님께서 우리를 받아들이신다는 사실이 우리를 자유롭게 해 주어야 합니다. 우리가 우리 잘못과 세상의 악에 직면할 수 있도록 우리를 자유롭게 해 주어야 한다는 말입니다. 이 잘못과 악 앞에서 눈감으면 안 됩니다. 악이 구체적으로 어떤 것인지 거기에 이름을 붙일 줄 알아야 합니다. 이것은 로제 수사를 살해한 여자의 행동에도 해당됩니다. 우리가 현실을 있는 그대로 보고 있기 때문에 우리는 예수님께서 십자가에서 하신 '아버지, 저들을 용서해 주십시오. 저들은 자기들이 두슨 일을 하는지 모릅니다'(루카 23,34)라는 말씀대로 이 여자를 하느님의 용서에 맡길 수 있는 것입니다. 예수님의 이 말씀이 역사를 바꾸었습니다!

'용서해 주십시오! 이것이 십자가입니다!' 우리는 이 말씀에 매달려야 합니다. 나는 이 말씀에 매달리렵니다.

하느님은 사랑만 하실 수 있습니다. 하느님에게서 나오고 하느님께서 선사하시는 바로 이 자비와 사랑으로 나는 떼제 안에서 내 소임과 직무를 수행해 나가려고 합니다.

'착하고 어진 마음은 세상을 바꿀 수 있는 힘이다!' 맞는 말입니다. 우리는 이 말씀을 이곳 떼제에서 살아 내고자 합니다."

기쁨

마음의 평화는 내면의 삶을 받쳐 주는 대들보이며 기쁨을 향해 올라갈 힘을 준다. 평화와 기쁨은 두려움의 나락에서 보호해 줄 복음의 진주다. 그대는 날마다 새 날을 하느님의 오늘로 반갑게 맞이하는가? 사계절은 언제나 시詩로 가득 차 있다. 햇빛이 화창하게 밝은 날뿐 아니라 추운 겨울밤도 마찬가지다. 그대는 터져 나오는 사계절의 이 충만한 시를 만끽하고 있는가? 그대의 소박한 방을 마음을 탁 트이게 할 자그마한 상징들로 꾸며 밝게 만들고 있는가?

부활하신 분의 현존은 예기치 않은 행복으로 이끈다. 그분의 현존은 그대의 어두운 밤을 갈가리 찢어 없애 주신다. '어둠은 그대를 위한 어둠이 아니다. 밤이 낮처럼 빛나리라.'

그대는 자유로운 사람이 되라는 소명을 받았다. 그대의 과거는 그리스도의 가슴 한가운데로 가라앉아 버렸으며 하느님은 이미 그대의 미래를 돌보시겠다고 약속하셨다. 고통을 두려워하지 말라. 예수 그리스도와 함께하면 저 깊은 나락에서도 염려를 모르는 경쾌한 마음이 생겨난다.

하느님이 그대 안팎에서 행하시는 모든 일에 기뻐할 용기를 가져라. 그러면 자기 일이든 남의 일이든, 그대가 비관적으로 바라보았던 모든 일, 그대 마음

의 평화를 빼앗아 간 모든 일이 사라져 버린다. 그대의 마음속에서 성령의 은
총을 잊어버리고자 하는가? 심지어 자기가 소중하다는 느낌마저도 잃어버릴
생각인가? 그렇게 되면 그대는 발 디딜 땅을 잃게 된다. 이 공허는 사람의 마음
을 유혹하며 사로잡는다.

   기쁨은 찬탄하고 놀라워하는 데 있다. 빛을 발하면서 터져 나오기 위해 기
쁨은 그대의 전 존재를 필요로 한다. 기쁨은 고요한 사랑의 청정 속에 있다. 부
활의 기쁨은 깊숙한 곳에 숨어 있던 영혼의 상처를 치유해 준다. 이 기쁨은 마
음을 거만하게 하지 않는다. 기쁨은 칭찬을 필요로 하지 않는다. 기쁨은 빛의
문을 향해 곧바로 나아간다.

> 부활하신 그리스도의 영이여,
>
> 신비에 가득 찬 현존이여,
>
> 저희를 깊은 신뢰의 바탕 위에 살게 하시어,
>
> 밝은 환호의 샘물이 영원히 마르지 않게 하소서.
>
> 『떼제의 원천』

단순함

   복음서에 한 청년에 대한 이야기가 나온다. 그는 하느님 안에서 사랑의 뜻
을 찾다가 그리스도께 와서 대답을 구한다. 그리스도께서 그에게 말씀하셨다.
"너에게 부족한 것이 하나 있다. 가서 가진 것을 팔아 가난한 이들에게 주어라.
… 그리고 와서 나를 따라라!"(마르 10,21). 그리스도의 이 부름은 가장 놀라운
복음 말씀 중 하나다.

청년은 슬퍼하며 떠나갔다. 그는 왜 그리스도에게서 멀어졌는가? 재산이 많았기 때문이다. 청년은 그리스도를 따르면서 재산도 가지려 했다. 사랑에서 우러나온 마음으로 재산까지 버릴 자유가 그에게는 없었다. 공동체를 이루고 살라는 부름을 받은 우리는 스스로 일해서 먹고 생활한다. 아무리 작은 것일지라도 기부나 상속, 희사를 받지 않는다는 원칙을 세우고 이를 따르고 있다. 가난해지는 것을 두려워하지 않는다. 어떤 재산도 따로 축적하지 않는 이 마음은 무엇에도 쓰러지지 않는 강한 사람이 되게 해 준다. 가난의 정신은 궁색을 떠는 데 있지 않다. 참된 가난의 정신을 지닌 사람은 풍부한 상상력으로 자기 주위를 가꾼다. 그럼으로써 일상의 모든 것이 창조의 꾸밈없는 아름다움과 일치하도록 한다. 행복하여라, 마음이 가난한 사람들! 그들은 하느님을 볼 것이다.

그대의 생활 방식을 끊임없이 더 단순하게 만들도록 하라. 그렇게 살다 보면 뒤틀린 길로 잘못 들어가 가야 할 곳이 어딘지도 모르게 되는 위험에서 점점 멀어진다. 뜨거운 이웃 사랑이 빠진 단순한 삶은 빛이 없는 그림자와 같다. 지극히 단순한 삶이 마음을 회한으로 가득 차게 하고, 남을 비난할 구실만 만들어 준다면 내일 일을 염려하지 않고 오늘 이 순간을 만끽하는 기쁨이 도대체 어디에 깃들겠는가? 그대가 가는 길이 넘쳐흐르는 빛으로 환하게 빛날 때는 언제인가? 어른인 그대의 강한 힘이 어린이의 마음과 만나는 때다. 그러면 그대 영혼은 결코 때묻지 않은 기쁨에 다가가게 될 것이다.

창조주의 영이여,
당신은 들판의 백합에게 옷을 입히십니다.
당신께서 저희에게 베풀어 주신 것들에 대해

저희가 기뻐하고

그것으로 충분하다는 사실을 알게 하소서.

『떼제의 원천』

자비

자비를 잃으면 모든 것을 잃는다. 조건 없는 사랑이 그대를 이끄는 원동력인가? 그대는 일흔일곱 번에 일곱을 곱한 만큼, 다시 말해 항상 용서하는가?

사랑의 힘에 이끌리면 가벼운 발걸음으로 가면서 많은 것을 발견하게 되리라. 자신을 잊고 남을 사랑하는 사람은 삶이 아름다움으로 가득 차 삶의 무게를 느끼지 못한다. 우정은 내면의 싸움을 치른 후에 이룰 수 있다. 사랑에는 헤아릴 수 없는 깊이가 있다. 십자가는 사랑의 이 바닥 모를 깊이에 빛을 비춘다.

그대는 남을 빈정대는 잘못을 저지르고 있지는 않는가? 주위 사람들이 양심의 가책을 받게 하여 자신의 뜻이나 생각을 관철시키려 하지는 않는가? 자비로운 마음이 그대를 사로잡게 해야 한다. 그렇게 맑은 사랑 가운데서 그대의 실수를 두말없이 인정하고 형제의 눈에서 티를 보느라 가던 걸음을 멈추는 일이 없도록 하라. 자비로운 마음으로 가득 찬 공동체는 행복하여라! 이런 공동체는 다른 공동체와 비교할 수 없는 특별함으로 그리스도를 빛나게 한다.

『떼제의 원천』

신뢰가 가까이 와 있다

사랑 중의 사랑이신 그리스도께서 그대 마음에 당신 자신을 뚜렷이 새겨 넣으셨다. 사랑이 곧 용서를 뜻하게 될 때 어려운 시험을 견뎌 낸 그대 마음은 새로운 삶의 용기를 얻게 되리라. 그리스도의 용서를 오랜 시간 묵상하면 소박한 마음에 자비가 빛나게 된다. 그리고 그리스도의 거룩함은 우리 손길이 절대 미치지 못하는 먼 곳에 있지 않다. 우리가 잘 알지 못하는 한 분이 우리 가운데 와 계신다. … 결코 사라지지 않을 생명의 입김이 불어온다. … 우리에게는 이 것만으로 충분하다. 두려워 말라. 신뢰가, 이 신뢰와 함께 행복이 가까이 있다.

『떼제의 원천』

내면의 빛이신 예수 그리스도여
저로 하여금 당신의 현존을 영접하여
기쁨을 체험하게 하소서.
저는 당신을 사랑합니다.
제가 바라는 만큼은 아니지만
그럼에도 저는 당신을 사랑합니다 ⋯.
사랑 중의 사랑이신 당신을.
당신과 당신의 복음을 위해
제가 목숨까지도 바치고 싶어 함을
당신은 아십니다.

로제 수사

제2장
나는 이 가족을 택했습니다

받아들이고 화합하기
크리스티네 라이, 브루노 수사와 레기네 쿤츠파이트가 나눈 대화

떼제에 온 지 사흘 후에 우리는 로제 수사의 무덤을 찾아갔다. 2005년 9월 4일이었다. 로제 수사가 세상을 떠난 지도 3주가 됐다. 찌는 듯 더운 일요일, 떼제 언덕, 모든 것이 변함없는 듯했다. 그럼에도 나는 많은 것이 달라졌음을 피부로 느꼈다. 지금 우리는 아주 특별한 시기를 겪고 있다. 로제 수사의 죽음을 슬퍼하면서도 일상은 계속되고 있다. 평소와 다름없이 일정에 따라 삶이 계속되고 있으면서도 새로운 시간이 시작되고 있다. 한편으로는 그의 죽음을 도저히 납득할 수 없어 당황해하면서도 한편으로는 모든 일이 다 정리되고 떼제에 새로운 미래가 시작될 것이라는 확신이 마음속에서 우러나오는 시기다. 이렇게 생각하자 모든 일에는 때가 있다는 지혜가 새삼 분명해졌다. 바로 이 때문에 우리는 여기에 와 있다. 다시 말해, 떼제를 세운 로제 수사의 죽음이 공동체 수사들과 이곳을 찾아오는 순례자들에게 바로 어제 일처럼 가까이 느껴지는 이 시간을 우리도 같이하기 위해 여기에 와 있다.

볼프강 수사는 우리에게 '제3세대에 속하는 수사'와 한번 이야기를 나눠 보라고 권했다. 대화를 하기 전에 우리는 마음을 가다듬기 위해 로제 수사의 무덤으로 갔다. 로제 수사보다 먼저 선종한 수사들의 무덤에 세워진 것과 똑같은 나무 십자가가 로제 수사의 검소한 무덤에도 세워져 있다. 무덤 앞에는 여름꽃 몇 송이가 심겨 있

다. 로제 수사의 무덤은 다른 수사들의 무덤보다 크지도 작지도 않다. 이 묘지에서도 로제 수사는 다른 수사들과 똑같은 대접을 받고 있다. 이곳의 모든 것이 그가 살다 간 삶과 진실로 일치한다.

　전보다 더 많은 사람이 묘지를 찾아온다는 것 말고는 달라진 것이 없다. 그럼에도 무덤 주위는 몹시 고요하기만 하다. 그가 피살되었음에도 평화만이 감돌고 있다. 지난 며칠간 나가 이곳 수사들과 만날 때마다 느낀 것은 고요함과 평화다. 만사에 내적 평화가 깃들어 있다.

　시원한 마을 교회에 들어가 땀을 식히고 잠시 침묵에 잠겨 있다가 묘지를 떠났다. 새로운 힘을 얻어 브루노 수사를 만나기 위해 발걸음을 옮겼다. 브루노 수사와 '라 모라다'La Morada에서 만나기로 약속이 되어 있었다. '라 모라다'는 모든 사람이 모여드는 곳이다. 떼제 방문객들은 이 집에서 수사들과 만나 개별적으로 대화를 나눌 수 있으며 무슨 문제가 생기면 일단 이 집으로 온다. 수수한 목제 우편함이 현관 오른쪽의 큰 세계지도 아래 걸려 있다. 현관 왼쪽에는 여러 언어로 번역된 「떼제 편지」가 놓인 선반이 있다. 바로 그 옆에는 세계 각국의 신문이 놓인 탁자가 하나 있다. 우리가 도착했음을 알리고 브루노 수사를 기다렸다. 세계 도처에서 온 사람들이 들어와 우편함을 살펴보거나 뭘 묻기도 하고 자기 나라 말로 번역된 「떼제 편지」를 들고 나간다. 문제를 해결하지 못하고 그냥 이 집을 나가는 사람들도 있다. 이 모든 것을 바라보며 앉아 있으니 기다리는 시간이 길지가 않았다. 마치 큰 기차역에 앉아 있는 느낌이었다. 다른 점이 있다면 여기에는 어수선함과 부산스러움을 찾아볼 수가 없다는 것이다. 그래서 마음이 편안하고 긴장이 풀렸다.

모색의 시기 — 결단의 시기

　얼마 후 브루노 수사가 왔다. 스위스 사람인 그는 정말 젊었다. 우리가 떼제에 도착했을 때 맞아 주던 분이어서 낯이 익었다. 그는 우리를 잘 가꾸어진 뒤뜰 정원으로 안내했다. 우리는 여기에 자리를 잡고 앉았다. 주일 저녁 이 정원에는 우리밖에 없었다. 브루노 수사가 우리에게 할애할 수 있는 시간은 길지 않았다. 처음에는 약간 서먹했지만 곧 친근한 대화를 나눌 수 있었다. 브루노 수사는 그가 어떻게 떼제에서 살게 되었는지 들려주었다.

　떼제 공동체와의 첫 만남은 특별했다. 고등학교를 졸업하고 병역을 이행하고 있던 2월에 그는 떼제에서 일주일을 보냈다. 그 주 방문자는 50명 정도밖에 되지 않았다. 그는 떼제가 큰 가족 같다는 인상을 깊게 받았다. 떼제를 떠나던 날, 그는 언젠가 떼제에서 끝나게 될 긴 여정이 자기 앞에 놓여 있다는 사실을 짐작도 하지 못했다.

　그는 다시 떼제를 찾아와 일주일 동안 침묵 피정을 했다. 그때는 지난번과는 다른 테두리 안에서 집중적으로 자신과 만났다. 그는 그 일주일을 삶의 '큰 물음들'에 대해 생각할 기회로 삼았다. 삶의 의미는 무엇인지, 왜 떼제에 왔는지, 자신에게 주어진 삶의 과제는 무엇인지 대답을 얻으려고 생각을 거듭했다. 이런 물음들은 너무 커서 자신의 삶으로만 대답할 수 있음을 지금에야 깨달았다.

그 후 그는 스위스에서 교육대학을 졸업하고 일 년 동안 초등교사로 일했다. 그러나 떼제가 다시 그를 끌어당겼다. 그는 그때까지도 삶의 중요한 물음들에 대한 대답을 찾고 있는 자신을 발견했다. 결국 스물다섯 살 때 몇 주 동안 떼제에 머물기로 결심했다. 이 몇 주가 몇 달이 되었고, 이제 그가 여기에 살게 된 지도 몇 년이 지났다. 그는 스위스로 돌아가지 않았다.

삶을 바치다

브루노 수사는 머리와 마음으로 떼제 공동체에서 살겠다는 결단을 내렸다. 우선 떼제에서 살아야 할 이유와 그래서는 안 될 이유에 대해 숙고했다. 그러다 자기가 내릴 결단이 어떤 것이든 옳은 결단일 것이라는 신뢰가 느껴졌다. 이 결단을 내리기까지 큰 희망을 품기도 했고 깊은 두려움과 부닥치기도 했다. 그러다가 그는 이제 충분한 대답을 들었다고 생각하고 용기 있게 발걸음을 내디뎠다.

떼제에 온 지 5년 후에 브루노 수사는 수도복을 받아 입고 공동체에 입회했다. 그의 이 결정을 지지해 준 가족과 친구들이 매우 중요한 역할을 했다. 서른두 살이 된 지금, 그는 공동체에 들어오겠다는 결정이 정말 큰 발걸음을 내딛는 일이었다고 이야기한다. 그 결정을 내린 후에는 외적으로 완전히 이 공동체에 속하기 때문이다. 그러나 내적으로는 끊임없이 성숙해야 한다고 말한다. 공동체를 위해 자신의 온 삶을 바치겠다는 내적 결단은 입회하겠다는 결단보다 실은 더 큰 발걸음을 떼는 일이라고 했다.

브루노 수사는 개혁 교회에 속하는 스위스인이지만, 특별히 종교적인 가정에서 자란 것은 아니었다. 그의 집에서 믿음과 관련된 문제들은 거의 거론되지 않았다. 브루노 수사는 가톨릭의 영향이 큰 폴란드 같은 나라에서는 자녀가 수도자의 삶을 택한다고 해서 특별하게 여기지는 않는다고 했다. 아내와 아이들과 함께하는 '평범한 가정'을 꾸리고 싶다는 생각이 들지 않냐고 묻자, 그는 어떤 삶을 택하든 사람에게는 항상 뭔가가 결여되는 게 당연하다면서 모든 것을 다 가질 수는 없다고 대답했다.

그는 평범한 가정생활과 떼제의 삶을 비교했다. 이는 마치 양손에 쥔 진주와 같다. 두 진주가 다 이루 말할 수 없이 아름답고 특별하며 눈부신 빛을 발한다. 사람은 이 두 진주를 오랫동안 손에 쥐고 있다가 결단을 내린다. 그는 진주 하나, 곧 떼제의 '가족'을 택하기로 결정했다. 사람의 결단은 늘 절대적으로 완전하지 않다는 것을 그는 인정한다. 그럼에도 그는 자신의 길을 '분명한 결단'이라고 표현한다. 그는 이 길을 가라는 부름을 받았다고 믿고 있다. 자기가 하고 싶은 일이 무엇인지 어린 나이에 아는 사람도 많지만, 무엇이 자신에게 '좋은' 것인지 아직 찾아야 하는 사람도 많다는 것이 브루노 수사의 생각이다. 그는 여기에 머물기로 하는 큰 결단을 내렸다.

일상의 삶

여느 삶이 그렇듯, 신앙 공동체에서의 삶도 '일상'을 뜻한다. 이곳 수사들의 일상은 하루 세 번 있는 기도 시간 외에는 자신을 위한 시간이 거의 없음을 뜻하기도 한다. 제삼자인 내가 봐도 이곳 수사들이 하는 일의 양은 큰 기업의 임원이나 최고 경영자가 하는 일의 양에 결코 뒤지지 않는 것 같다. 그럼에도 나는 수사들이 자신 안에 머무르고 있다는 것을 보고 느낀다. 거의 일 년 내내 방문객 수천 명을 돌보고 있지만 마음의 평정과 느긋함을 잃지 않으며 방문객들도 이런 마음 자세를 갖게 한다.

수사들은 평생 한 가지 일만 맡지 않고 돌아가며 여러 일을 한다. 현재 브루노 수사의 소임은 방문객을 맞는 일과 서로 다른 일을 연결해 일의 효율을 높이는 것이다. 이 소임도 언젠가 바뀔 것이다. 떼제와 같은 공동체에서 산다는 것은 별로 하고 싶지 않은 일상적인 일도 해야 함을 뜻한다. 브루노 수사는 설거지를 별로 좋아하지 않는다. 여느 가정처럼 떼제에서도 설거지 당번을 맡아야 한다. 하지만 주요 업무를 분담시킬 때는 각 수사가 지닌 능력이나 재능을 발휘할 수 있도록 배려한다.

신뢰의 공동체

공동체에 입회하기 전에 믿고 의논할 수 있는 선배 수사를 지정받는다. 일상생활을 하면서 이런저런 어려움이 생길 때 찾아가서 의논할 선배 수사가 있다는 것은 분명 도움이 된다. 선배 수사는 자기가 돌보는 후배 수사를 평생 동행해 준다. 문제가 있을 때 먼저 선배 수사와 의논하며, 조언이 필요할 때도 선배 수사가 후배 수사의 말에 귀 기울인다.

힘든 시기에 이런 신뢰의 관계는 매우 중요하다. 로제 수사가 피살된 후에 특히 그랬다. 브루노 수사는 로제 수사의 죽음 직후 며칠간의 삶은 영화 같았다고 잠긴 목소리로 말했다. 그의 눈에 슬픔이 어렸다. 로제 수사의 피살과 관련되어 일어난 많은 일을 우리는 시간이 흘러서야 이해할 수 있을 것이다. 로제 수사의 죽음 이후 수사들은 평소보다 더 신중하게 서로를 대했다. 이것이 모든 수사에게 큰 도움이 되었다고 한다. 로제 수사의 죽음 직후 며칠 동안 알로이스 수사는 세계 방방곡곡에서 날아온 애도의 글을 점심 식사 때 낭독했다. 이것이 그에게 큰 도움이 되었다. 그런 엄청난 사건이 일어났음에도 이곳의 삶이 비교적 전처럼 정상적으로 유지되는 것에 브루노 수사는 깊은 감동을 받았다고 한다.

하느님,
당신은 저희를 사랑하십니다.
저희 기도가
보잘것없을지라도
저희는 신뢰에 가득 차
당신을 찾고 있습니다.
당신 사랑은
저희의 망설임과 의심을 제치고
길을 만들어 나아갑니다.

로제 수사

내가 떼제에서 찾고 있는 것
떼제 공동체의 오랜 친구 프랑스 철학자 폴 리쾨르

나는 떼제에서 무엇을 찾고 있는가? 일반적으로 '종교'라고 일컫는 것이 다름 아닌 어진 마음과 관계된다는 나의 믿음을, 나는 이곳 떼제에서 새삼 확인했다. 그리스도교 전통은 이 사실을 잊어버렸다. 그리스도교는 사람들의 관심을 죄와 악에 집중시켰다. 삶을 바라보는 시야를 제한하고 좁게 만들어 버렸다. 나는 죄와 악의 문제를 결코 과소평가하지 않는다. 나는 몇십 년 동안 이 문제로 고심했다. 그러나 이제 한 가지 사실을 말하고 싶다. 악의 뿌리가 아무리 깊다 해도 어진 마음에는 미치지 못한다. 종교의 의미는 침전되어 버린 인간의 어진 마음을 다시 끌어올려 드러내는 일, 어진 마음이 너무 깊이 가라앉아 보이지 않는 곳에서 그 마음을 찾아내는 작업에 있다고 생각한다. 이곳 떼제에서 어진 마음이 드러나고 있다. 수사들이 나누는 형제애에서, 그들이 방문객에게 베푸는 친절과 호의, 기도에서 이를 경험한다. 여기에 오는 수많은 젊은이는 선과 악, 하느님, 은총, 그리스도에 대해 분명하고 개념적인 단어로 말하지 않는다. 그 대신 그들의 전 존재로 어진 마음을 향하고 있다.

전례 언어

오늘날 우리는 장황한 연설과 논쟁, 홍수처럼 밀려오는 허상들에 압도당하고 있다. 이들은 우리 시야를 흐린다. 착하고 어진 마음은 깊은 악보다 더 깊은 곳에 있다. 이에 대한 확신을 우리는 분명하게 드러내야 하며 이 확신에 분명한 언어를 부여해야 한다. 떼제가 이 확신에 부여하는 언어는 철학의 언어도 신학의 언어도 아니다. 떼제의 언어는 전례의 언어다. 나에게 전례는 행위가 아니라 생각이다. 전례에는 감추어진 신학, 침묵하는 신학이 들어 있다. 이 신학은 '기도의 법칙이 믿음의 법칙'이라는 말로 요약될 수 있다.

항의에서 증언으로

죄에 대한 물음은 중요하지 않다. 의미와 무의미, 불합리에 대한 물음이 죄에 대한 물음보다 훨씬 더 중요하기 때문이다.

우리는 하느님을 죽여 버린 문화, 다시 말해 불합리와 무의미를 의미보다 더 중요하게 여기는 문화 속에서 살아왔다. 이는 근원적 항의를 야기한다. 내가 여기서 쓰는 '항의'라는 말은 '증언'에 가깝다. 증언은 허무, 불합리, 죽음이 결정적 지위를 차지해야 한다는 주장에 대한 항의에서 비롯된다. 이는 어진 마음에 대한 나의 물음과 관련 있다. 어진 마음은 악뿐 아니라 무의미에 대한 답이기도 하기 때문이다. 프랑스어의 '항의'(protestation)라는 단어에는 '증인'(témoin, 라틴어: testis)이라는 뜻이 있다. 우리는 무엇인가를 '증언'(attester)하기 전에 일단 항의한다.

떼제에서 사람들은 항의에서 증언으로 나 있는 길을 간다. 이 길은 기도의 법칙, 믿음의 법칙을 지난다. 항의는 아직 부정 가운데 있다. 다시 말해 항의는 '아니오'에 대한 '아니오'다. 그러나 이곳 떼제에서는 '예'에 대해 '예' 하라고 요청하고 있다. 항의가 증언으로 바뀌는 과정에 있는 것이다. 이는 기도 가운데서 일어난다.

  오늘 아침 이곳 떼제에서는 "오, 그리스도여!"라는 부름이 담긴 노래가 내 마음에 와 닿았다. 이 노래들은 무엇을 서술하거나 지시하는 것이 아니라 우리가 말을 걸고 외치고 있음을 의미한다. 어진 마음을 외치는 일이 찬양이라고 생각한다.

행복의 세 형태

  나는 행복이라는 말을 좋아한다. 행복에 대해 말하는 건 너무 쉽거나 너무 어렵다고 생각한 적이 있다. 그 후 나는 이 조심스러운 자세를 극복했다. 더 좋게 말해서 행복이라는 말 앞에서 이 조심스러운 자세에 깊이를 더했다. 나는 행복이라는 말이 지닌 다양한 뜻을 다 받아들인다. 산상 설교의 "행복하여라, … 하는 사람들!"로 표현되는 참행복에 대한 의미도 포함된다. 나는 행복을 인식, 인정, 재인식이라고 본다. 이는 프랑스어 '르코네상스'reconnaissance가 지닌 세 가지 의미다. 나는 행복을 내 것으로 인식하며, 다른 사람의 것을 인정하고, 내가 경험했던 작은 행복들에 감사한다. 행복을 기억하고 이에 대해 감사하면, 작은 행복들을 잊음으로써 불행해지는 일에서 벗어날 수 있다.

  나는 고대 그리스인들에게 많은 것을 배운 철학자요, 성경과 복음을 읽는 독자로서 행복에 대해 말한다. 그리스철학, 성경, 복음에서 행복이라는 말의 변천 과정을 추적할 수 있다. 이때 서로 다른 두 경향이 주조를 이루고 있다. 그리스철학의 가장 좋은 점은 플라톤과 아리스토텔레스에서 볼 수 있듯이 '행복'(*Eudaimon*)에 대해 사색하는 데 있다. 성경에서도 행복에 대한 많은 말씀을 발견하고 매우 만족하고 있다. 시편 4장 7절의 "누가 우리에게 좋은 일(행복)을 보여 주랴?"라는 구절을 보자. 이는 대답을 기대하지 않고 던진 물음이지만 산상 설교의 참행복에 관한 말씀에서 대답을 찾을 수 있다. 참행복에 대한 말씀은 어진 마음으로 특징지어진 삶을 살 때 얻을 수 있는 행복이 어디까지 가닿을 수 있는지를 말해 준다. 행복이란 내가 지금 가지고 있지 않은 것이고 내가 이미 맛본 것이기도 하기 때문이다.

누가 우리에게 행복을 보여 주나

나는 삶 속에서 행복이 어떻게 드러나고 있는지 곰곰이 생각해 보았다. 첫째, 하느님께서 창조하신 아름다운 세상을 보면 행복은 찬탄하고 놀라워하는 데 있다. 둘째, 행복은 나 아닌 다른 사람과의 관계에서, 다른 사람을 받아들이면서 인식하는 데 있다. 아가雅歌에 나오는 신랑과 신부가 우리에게 보여 주듯이 행복은 상대방에 대한 걷잡을 수 없는 기쁨 가운데 있다. 셋째, 행복은 미래를 향한 것이다. 앞날에 대한 기대에 행복이 있다. 내가 알지 못하는 불행을 견뎌 낼 용기와 행복을 기대한다. 여기서 '기대한다'라는 말을 썼다. 기대한다는 단어 대신 '열심히 구하다'라는 말을 쓸 수도 있다. 이 말은 "모든 것을 이해하며 모든 것을 용서하는 사랑"에 대해 쓴 코

린토 신자들에게 보낸 첫째 서간 13장이 시작되기 전에 나온다. "여러분은 더 큰 은사를 열심히 구하십시오"(1코린 12,31). "열심히 구하다" — 행복은 간절한 바람이다. 걷잡을 수 없는 기쁨의 행복과 놀라워하며 찬탄하는 행복을 보완하여 완전하게 한다.

기뻐하며 섬김

내가 떼제에서 지낼 때마다 늘 인상 깊게 체험하는 일이 있다. 기도할 때나 다양한 사람들과 여러 주제로 대화할 때 내가 직접 보고 느끼는 것인데, 떼제에서는 한 사람이 다른 사람을 지배하는 위계질서를 도무지 찾아볼 수 없다는 것이다. 공동체 구성원들은 인내, 침묵, 성실함 가운데서 일하고 행동하되 누구도 명령하지 않는데도 모두 따르고 있다는 인상을 받는다. 이를 보면 모든 수사가 기뻐하며 섬기고 있음을 알게 된다. 이 섬김은 사랑 가운데 순종하는 일이다. 이런 순종은 이루고자 하는 목표도 없이 아무렇게나 사는 삶과 완전히 반대되는 삶이다. 남에게 복종하고, 나아가야 할 바를 모르고 사는 삶의 길은 대개 몹시 좁다. 그러나 떼제 공동체가 보여 주는 사랑의 순종은 삶의 길을 넓고 탁 트이게 해 준다. 이것이 공동체에 참여하는 사람들(방관자가 아니라 이 삶을 같이 나누는 사람들)에게 도움이 됨은 물론이다. 내가 이 사람 가운데 한 사람이었고 아직도 그렇다고 생각한다. 사랑 가운데 순종함은 우리에게 도움을 주며, 공동체가 우리에게 보여 주는 그대로 우리 또한 사랑 가운데서 순종한다. 떼제 공동체는 타의 모범을 보여 주며 남을 위축시키지 않는다.

우정으로 우리 마음을 격려해 준다.

나는 격려라는 말이 좋다. 격려는 명령이 아니며 강요는 더더욱 아니다. 불신과 결단성 없는 태도도 아니다. 오늘날 도시, 직장, 여가 생활에서 결단성 없는 삶의 태도가 습관처럼 되어 있다. 마음의 평정을 같이 나누며 사는 삶, 이것이 떼제 공동체의 삶이 주는 행복의 가장 큰 특징이라고 생각한다.

폴 리쾨르를 추모하며

로제 수사

우리 공동체 형제들은 폴 리쾨르의 가족과 그를 사랑했던 사람들의 아픔을 같이 나누고 있습니다. 그러나 우리 마음은 다가올 부활을 희망하기에 위로받고 있습니다.

지난 50년 동안 폴 리쾨르는 자주 떼제를 찾아왔습니다. 우리는 그의 해박한 지식과, 복음의 가치를 오늘 이 세계가 이해할 수 있도록 표현하는 그의 탁월한 능력을 소중히 여겼습니다. 그는 우리에게 항상 좀 더 깊이 사색하라고 권했습니다. 나는 젊은이들에게 보내는 편지에서 우리가 중요하게 여긴 여러 주제에 대해 쓸 때 그의 말을 자주 인용했습니다. 특히 악의 의미와 악의 근원에 대한 그의 생각은 참으로 훌륭합니다. 어느 날 그가 우리에게 말했습니다. "악의 뿌리가 아무리 깊다 해도 어진 마음에는 미치지 못합니다."

나는 여러분과 함께 기도하고 싶습니다. "자비의 그리스도여, 당신은 폴 리쾨르와 우리를 앞서 갔으나 우리 마음속에 남아 있는 고인들과 우리가 하나 됨 가운데 살도록 해 주십니다. 이들은 이미 하느님을 뵙고 있습니다. 이들을 따라 저희도 당신의 그 밝은 빛의 한 자락을 영접할 수 있도록 준비하게 하소서."

평화이신 예수님,
당신은 일생 동안 당신을 따르라고
저희를 부르십니다.
당신을 끊임없이 영접하라고
당신께서 저희를 부르고 계시다는 것을
저희는 소박한 신뢰의 마음으로 깨닫고 있습니다.

로제 수사

성찬, 내면으로 가는 여행

캔터베리 성공회 조지 케리 대주교

떼제는 사람들이 다양한 방식으로 하느님을 발견하는 곳이다. 떼제에서는 영적 체험에 대해 끊임없이 사색하며, 하느님이 어떻게 우리에게 당신을 열어 보이시는가에 대해 말하는 사람들을 늘 만날 수 있다. 어느 날 저녁 나는 영국의 작은 교회에서 떼제를 찾아온 젊은이들에게 물었다. "이곳 떼제에서 하느님은 당신을 어떻게 드러내시나요? 그분은 어떤 형태로 여러분에게 말씀하시나요?"

젊은이들의 대답은 다양했다. 성경을 읽을 때, 같이 모여 기도할 때, 침묵할 때, 그룹을 지어 대화할 때, 언어와 문화의 장벽을 넘어서 우정을 나눌 때 그들은 하느님을 체험할 수 있었다고 대답했다. 이곳 떼제에서 하느님에 대한 새로운 깨달음을 얻었고 하느님을 새롭게 체험했다고 이야기하는 젊은이가 많다. 어떤 여학생이 깊은 사색에 잠긴 얼굴로 말했다. "저는 하느님의 현존을 체험하는 성찬 전례가 떼제의 핵심이라고 생각해요. 성찬 전례는 제게 가장 소중한 시간이었어요. 날마다 성찬 전례에 참여하다 보니 영성체를 받아 모시는 일이 그전보다 훨씬 소중하게 느껴져요." 여학생의 이 말은 우리 대화를 전혀 다른 방향으로 이끌었다.

여학생이 말을 마치자 친구 몇 명이 여학생의 말에 의문을 제기했다. 성찬 전례가 떼제의 삶과 공동기도를 규정하는 결정적인 것은 아니라는 것이 그들의 의견이었다. 여학생의 말은 영국에서 떼제를 찾아온 대부분의 사람들이 하는 체험과 일치하지 않고 조금은 유별난 것이라고 덧붙였다.

다음 날 오후 나는 이 주제에 대해 로제 수사와 이야기를 나누었다. "성찬 전례가 떼제의 삶에 중심을 이루고 있습니까? 그 여학생의 말대로 성찬 전례가 공동체 삶의 핵심이라고 할 수 있습니까?" 성찬 전례는 실제로 떼제에게 주어진, 화해를 이룩하라는 사명의 핵심이라고 로제 수사는 대답했다. 그리고 나서 그는 아직도 생생하게 기억하고 있는 일이 있다면서 이야기를 하나 해 주었다. 1970년에 그는 콘스탄티노플에서 아테나고라스 총주교를 방문했다. 그들은 그전에도 여러 번 만난 적이 있었다. 이 만남은 그들의 마지막 만남이 되었다(아테나고라스 총주교는 1972년에 선종했다). 대화를 나누고 로제 수사가 떠나려 하자 문 앞에 서 있던 총주교가 마치 성작을 받들 듯 두 팔을 높이 들어 올리면서 말했다. "성혈과 성체, 이 외에 다른 해답이란 없습니다. 이것을 늘 생각하십시오."

성찬 전례는 떼제 공동체의 핵심이다. 떼제 공동체는 이곳을 찾아오는 수많은 사람의 서로 다른 전통을 존중하여 각자의 전통에 맞게 성찬 전례에 참여할 수 있다는 것을 보장하고 있다. 날마다 가톨릭의 성찬 전례가 거행되고 있으며 동유럽에서 오는 젊은이가 많아지면서 정교회식 미사도 자주 올려지고 있다. 성찬식이 포함된 개신교식 예배도 열린다. 떼제는 젊은이 모임에 참가한 사람들이 속한 다양한 교파를 고려해 '화해의 교회' 입구에 공동기도의 여러 가능성에 대한 정보를 분명하게 적어 알리고 있다.

교회 입구에는 "영성체를 받아 모실 수 없는 모든 이를 위해 축성된 빵을 준비해 두었습니다"고 쓰여 있다. 로제 수사는 이 제안을 특별히 강조한다. 여러 가지 이유로 영성체를 받아 모실 수 없는 사람을 위해서 '축성된 빵'이 따로 준비되어 있다. 이는 원래 정교회에서 행해지던 관례였다(떼제가 있는 프랑스 부르고뉴 지역의 몇몇 가톨릭 성당에서도 예전에는 이런 관례가 행해졌다). 떼제 공동체가 공동체를 찾는 사람들에게 이런 가능성을 제공한다는 것은 공동체가 얼마나 넉넉한 관용의 마음을 지니고 있는지, 그리고 손님들을 얼마나 친절하고 소중하게 대접하는지 분명하게 보여 주는 한 예다. 떼제에서는 어느 누구도 소외받는다고 느껴서는 안 된다. 스스로 믿음의 '밖에' 서 있다고 생각하는 사람도 축성된 빵을 받아 모실 수 있다. 이 빵은 결코 어떤 특정한 종교로 개종하라는 의무를 지우지 않는다.

성령이여,
당신과 하나 됨을 간절히 원하는
저희의 바람을
저희가 말로는 표현할 수 없을지라도
당신의 보이지 않는 현존은
우리 모든 사람 안에 계십니다.
그래서 저희 마음속에서
기쁨이 솟아오릅니다.

로제 수사

교황 요한 바오로 2세의 떼제 방문

레기네 쿤츠파이트

떼제와 교황 요한 바오로 2세와의 관계는 40여 년 전에 시작되었다. 1962년에 열린 제2차 바티칸 공의회에서 로제 수사는 당시 크라쿠프의 보좌주교였던 카롤 보이티야를 처음 만났다. 로제 수사는 '교회 일치 운동' 측 참관인으로 초대되었다. 그들은 매일 아침 회의가 열리기 전에 베드로 대성당에서 기도를 드렸다. 바로 거기서 두 사람은 서로 알게 되었다. 떼제 수사들은 로마에서 머물던 숙소로 젊은 보좌주교 보이티야를 식사에 초대했다.

크라쿠프의 대주교가 된 보이티야는 1964년과 1968년에 떼제를 방문했다. 그 뒤 로제 수사는 폴란드 오버슐레지엔 지역의 탄광 노동자들을 위한 연례 순례에 여러 번 초대되어 강연했다. 보이티야 추기경이 이 순례를 주관하게 되었을 때 그는 떼제 수사들을 초대해 크라쿠프에 있는 그의 주교관에서 묵도록 했다. 로제 수사는 요한 바오로 2세가 1978년에 교황으로 선출된 후부터 작년(2004년)까지 매년 비공식으로 알현했다. 요한 바오로 2세가 저격당한 1981년에는 이 연례적인 만남 외에 병원에서도 만남을 가졌다. 연말연시에 떼제가 주최하는 '유럽 젊은이 모임'이 세 차례 로마에서 열렸는데 그때마다 요한 바오로 2세는 저녁기도 시간에 베드로 대성당에 모인 젊은이 수천 명에게 인사를 하곤 했다. 1986년 10월 5일, 교황은 프랑스를 공식 방문하던 중 떼제에 들렀다. 매우 회의적인 몇

몇 사람은 교황이 떼제 공동체가 하는 일을 책망하려고, 혹은 공동체가 그동안 이루어 놓은 일들을 자기 것으로 삼으려고 떼제를 방문하는 것이라고 억측했다. 그러나 이런 억측은 빗나갔고 우애와 솔직함으로 가득 찬 만남이 이루어졌다. 다음 글이 이를 말해 준다.

'화해의 교회' 입구에는 대형 천막이 세워져 교회를 넓혀 주었다. 젊은이 7,000명이 거기에 모여 있었다. 아침 8시 30분, 몇 시간 전부터 젊은이들과 함께 노래하고 기도하던 수사들이 교황을 맞이하기 위해 교회 밖으로 나왔다. 이날 떼제와 인근 지역은 짙은 안개로 뒤덮여 있었다. 헬리콥터가 이륙할 수 없어 교황은 리옹에서 자동차를 타고 약속 시간보다 훨씬 늦게 떼제에 도착했다. '화해의 교회' 안으로 들어온 요한 바오로 2세는 나무와 짚으로 만든 의자에 앉았다. 로제 수사가 짧은 환영 인사를 했다. 그리고 나서 교황은 젊은이들에게 자신이 왜 떼제를 찾아왔는지 설명했다. 그리고 교회 내에서도 모든 문제를 정확히 보고, 충성스러우면서 비판적인 자세로 교회를 위해 진력을 다해 달라고 젊은이들을 격려했다.

"교회는 여러분의 열정을 필요로 합니다! 공동체의 순례자이며 친구인 여러분도, 교황인 나도 잠시 여기에 머무릅니다. 떼제에 오는 것은 샘가에 오는 것과 같습니다. 나그네는 샘가에 앉아 갈증을 풀고 가던 길을 계속 갑니다. 공동체의 수사님들이 여러분을 여기에 붙잡아 두려 하지 않는다는 것을 여러분은 잘 알고 있습니다.

여기 수사님들은 기도와 침묵 가운데서 여러분이, 그리스도께서 약속하신 생명수를 마실 수 있도록 해 줍니다. 그분의 기쁨을 체험하고 그분의 현존을 알아차리며, 그분의 부름에 응답하도록 해 줍니다. 그리고 여러분이 이곳을 떠나 여러분이 속한 교회와 살고 있는 도시와 마을, 학교나 직장에 가서 그리스도의 사랑을 증거하고 여러분의 형제자매들을 섬기도록 해 줍니다. 모든 교회와 그리스도 공동체 그리고 세계 정치 지도자들에게도 떼제 공동체는 젊은이들 마음에 희망으로 가득 찬 신뢰를 심어 주는 공동체로 알려져 있습니다. 나 역시 떼제에 대해 바로 이 신뢰와 희망을 품고 있기에 오늘 아침 여기에 와 있는 것입니다.

사랑하는 젊은이 여러분, 교회는 세상에 복음의 기쁜 소식을 전하기 위해 여러분의 열정과 넓은 마음을 필요로 합니다. 힘겨운 삶의 길을 걸었거나 가혹한 시련을 겪은 나이 든 사람들은 삶을 두려워하고 삶에 싫증을 느끼며 그리스도교 사명의 특징인 열정을 잃어버리곤 합니다. 여러분도 그런 경우를 보아서 알고 있을 겁니다. 교회 제도들이 오랫동안 그저 틀에 박힌 일만 해서, 혹은 교회에서 일하는 사람들의 결함 때문에, 복음의 메시지를 위해 일하기에는 역부족인 경우도 더러 있습니다. 바로 교회의 사명을 완수하기 위해, 교회는 여러분의 희망과 열정적 투신의 증언을 필요로 합니다.

소극적인 자세로 비판만 하거나, 다른 사람이나 제도가 나아질 거라며 기다리는 것으로 만족하지 마십시오. 교회 공동체들, 교회 지도자들, 여러 교회 운동에 다가가십시오. 가서 인내심을 가지고 젊음의 힘과 여러분이 받은 은총을 그들을 위해 쓰십시오. 교회 지도자들을 신뢰 가득한 마음으로 후원하십시오. 이 사람들은 예수님의 이름으로 여러분을 섬기는 사람들입니다. 이렇게 볼 때 여러분에게는 지도자들이 꼭 필요하고, 교회는 여러분이 교회에 오고 교회 일에 참여하는 것을 필요로 합니다. 교회 내부에 조금 깊이 들어가 보면 분열과 구성원 간의 긴장 관계, 그들의 결함을 발견하고 거부감을 느낄 때가 물론 있을 것입니다. 그러나 교회의 중심이신 그리스도로부터 진리의 말씀, 그분의 생명과 사랑의 숨결을 받아들이도록 하십시오. 그분은 여러분이 교회에 충실하도록 해 주십니다. 그리스도는 여러분의 마음을 북돋우시어 여러분이 기뻐하며 헌신하는 가운데 다른 이들을 위해 여러분의 삶을 내어 주어 성취된 삶을 살게 해 주십니다."

말을 마친 교황 요한 바오로 2세는 떼제 수사들 앞에서 읽으려고 준비한 연설문을 수사들에게 건넸다. 교황은 연설문을 읽는 대신 수사들과 스스럼없는 대화를 나누었다. 이 연설문은 나중에 『떼제의 원천』에 삽입되었다. 이 연설문에서 교황은 수사들에게 항상 복음을 따라 살며 모든 사람을 위한 형제라는 그들의 소명을 결코 저버리지 말라고 간곡히 당부했다. 그 연설문을 여기에 싣는다.

친애하는 형제 여러분, 여러분을 참으로 사랑하셨던 교황 요한 23세는 언젠가 '오, 떼제, 이 자그마한 봄철!'이라는 말로 로제 수사님을 맞이한 적이 있습니다. 우리의 이 짧지만 한 가족 같은 친근한 만남에서 나는 요한 23세의 이 말을 빌려 여러분에게 마음에서 우러나오는 연대감과 신뢰를 표현하고자 합니다.
주님께서 여러분을 막 부풀어 오르는 봄철로, 복음에 대한 기쁨과 형제 간의 진정한 사랑 속에서 살아가는 작은 공동체로 남을 수 있도록 지켜 주시기를 바랍니다. 여러분은 하느님의 자비와 형제애 안에서 살기 위해 여기에 왔습니다. 그리스도에 대한 사랑으로 여러분의 전 존재를 그분께 바침으로써 여러분은 하느님의 자비와 형제들과의 친교, 이 두 가지를 다 얻게 되었습니다. 거기에 더하여, 여러분이 이런 결과를 원하여 이렇게 된 것은 아니지만, 여러분의 기도와 공동체 삶에 이끌려 세계 곳곳에서 젊은이 수천수만 명이 이곳을 찾아오는 것을 보았습니다. 이 젊은이들이 바로 여러분이 진정한 생명을 찾고 있는 모든 이를 위한 봄날로서, 기쁨 안에서, 여러분이 받은 청순한 은총 안에서 지내도록 여러분을 격려하기 위해 주님께서 베푸신 선물이며 하느님의 중개자가 아니고 무엇이겠습니까! 노동, 휴식, 기도로 짜여진 일과의 모든 것은 하느님의 말씀을 통해 활력을 얻습니다. 하느님의 말씀은 여러분을 사로잡고, 여러분을 작은 사람, 즉 하늘 아버지의 아이로서, 참행복의 기쁨 안에서 모든 이의 형제요 종으로 살아가도록 해 주십니다.

여러분의 공동체가 지닌 독특하고 유별나며 어떤 의미에서는 임시적이라 할 수 있는 소명으로 인해 남들의 놀라움을 자아내고, 다른 한편에서는 이해받지 못하고 의심받을 수도 있다는 사실을 나는 잊지 않고 있습니다. 하지만 모든 그리스도인이 온전한 친교 가운데서 화해하기를 바라는 여러분의 열정 때문에, 교회에 대한 여러분의 사랑 때문에 여러분은 앞으로도 주님의 뜻을 위해 여러분을 바칠 길을 찾으리라 확신합니다.

여러분은 서로 다른 교파들과 여러 그리스도 공동체에 속한 많은 그리스도인의 비판과 제안을 듣고 그중에서 좋은 것은 간직하십시오. 모든 이와 대화를 계속하며 여러분이 가진 기대와 계획을 망설이지 말고 표현하십시오. 그렇게 하면 여러분은 젊은이들을 실망시키지 않을 것입니다. 그리스도는, 그리스도인들이 하나이자 똑같은 신앙의 온전한 연대 안에서 눈에 보이는 교회 일치를 재발견한다는 목표를 세우고 이를 이루기 위해 노력하기를 바라십니다. 내가 앞에서 말했듯이 비판과 제안을 경청하고 계속 대화하는 여러분의 자세는 교회 일치라는 목표를 위한 노력이 마비되지 않도록 하는 데 이바지할 것입니다. 그리스도교의 일치는 내가 어떻게든 이루고 싶은 사명이며, 내가 해야 할 일 가운데 가장 우선적인 사목 임무라는 사실을 여러분은 잘 알고 있습니다. 이 일을 이루기 위해 여러분의 기도가 필요합니다.

여러분은 스스로 공동체의 표양이 되고자 하는 사람들입니다. 공동체 삶을 통해 여러분은 여러분이 만나는 모든 사람이 그들이 받은 교육의 결실인 동시에 양심의 결단인 그들이 속한 교회에 더욱 충실하도록 드와줍니다. 거기에 더하여 여러분은 사람들이 친교의 신비, 즉 하느님의 계획 가운데 하나인 교회와 점점 더 깊은 관계를 맺도록 도와주고 있습니다.

그리스도는 교회에 주신 은총을 통해 모든 그리스도인 안에서 사랑의 힘이 솟아오르게 하십니다. 그분은 그리스도인 한 사람 한 사람에게 화해를 위해 일하며 평화를 이룩할 보편적인 마음을 주십니다. 이 마음을 지닌 그리스도인은 복음이 말하는 인간 해방, 즉 모든 인간의 전인적인 해방을 위한 투쟁과 묵상을 결합할 능력을 갖추게 됩니다.

친애하는 형제 여러분, 이곳 떼제에 다시 올 기회를 주셔서 감사드립니다. 주님께서 여러분을 축복하시기를, 당신의 평화와 사랑 안에서 여러분을 지켜 주시기를 빕니다!

이제 작별할 시간이 되었다. 교황 요한 바오로 2세는 자동차 쪽으로 걸어가다가 갑자기 발걸음을 돌려 교회에 들어와 젊은이들에게 말했다. "여러분에게 고백할 것이 하나 있어요. 나는 여러분을 떠나고 싶지 않지만 떠나야 합니다. 교황에게는 웃어른이 아주 많답니다. 그래서 순종해야 합니다!" 웃음소리가 터져 나왔고 박수가 이어졌다. 다시 떼제 노래 「온 세상아 주님을 찬양하라」Laudate omnes gentes가 울려 퍼졌고 기도가 계속되었다. 후에 언론은 교황이 여행 기간 중 떼제를 방문했을 때만큼 친근하고 소탈하게 수천 명과 기도하는 모습을 어디에서도 볼 수 없었다고 보도했다.

자비로우신 하느님,
저희가 기도하면서
당신을 기다리며,
모든 사람의 삶 위에 머무르는
사랑으로 가득 찬
당신의 눈길을 영접할 길을
찾도록 해 주소서.

로제 수사

평화의 미래

로제 수사, 2005년에 쓴 편지

떼제는 거의 30년 동안 매년 로제 수사의 편지를 발표했다. 그 편지 중 로제 수사의 마지막 편지를 싣고자 한다. 이 편지는 리스본에서 열린 '유럽 젊은이 모임'(2004/05년)에서 발표되었고 그전에도 그랬듯이 떼제와 떼제 밖에서 열린 모든 젊은이 모임 때 읽혔다. 로제 수사는 편지에서 떼제 고유의 영성은커녕 떼제 고유의 신학도 없다는 사실을 강조하고 있다. 로제 수사는 여러 교회의 전통이라는 샘에서 많은 것을 끊임없이 길어 올렸다. 편지의 표현은 매우 시적이지만 그렇다고 내용이 두루뭉술하거나 불분명한 것은 결코 아니다. 독자는 따로 시간을 내어 그의 편지들을 읽어야 한다. 마음을 모아 읽다 보면 독자는 로제 수사가 사회생활과 신앙생활 전반에 걸쳐 어떤 자세로 살아야 하며 어떤 일을 할 수 있는지 구체적으로 제시하고 있다는 것을 알 수 있다. 그리하여 독자를 삶의 도전 앞에 세우고 있음을 느낀다. 떼제에서는 이런 말을 하기 위해 편파적인 언어를 쓸 필요도, 다른 사람을 비난할 필요도 없다. 이는 교파 간의 친교 문제 혹은 약자들과의 유대 문제가 거론될 때도 마찬가지다. 「떼제 편지」는 독자의 나이가 어리고 복음에 대한 지식이 많지 않을 경우 특히 조심스럽게, 그러나 일관성 있게 편지 전체를 꿰뚫고 있는 복음으로 독자를 이끌어 준다. 로제 수사의 언어는 독자를 어떻게 해서든 설득해 자기편으로 삼으려고 달려들지 않는다. 독자에게 자신이 이해받고 있다는 느낌을 주려고 애쓸 뿐이다. 그의 마지막 편지를 소개한다.

"주님의 말씀이다. 그것은 평화를 위한 계획이지 재앙을 위한 계획이 아니므로, 나는 너희에게 미래와 희망을 주고자 한다"(예레 29,11). 수많은 사람이 평화의 미래와 인류를 위협하는 폭력에서 해방되기를 간절히 바라고 있습니다.

어떤 사람들은 다가올 미래를 두려워해서 마비된 사람처럼 꼼짝도 못하고 있습니다. 그러나 세상 곳곳에는 상상력이 풍부하고 독창적인 젊은이들도 있습니다. 그들은 삶에 대해 끝 모를 짜증과 불평만 늘어놓는 무리에 섞이는 걸 거부합니다. 하느님은 삶을 방관하라고 우리를 지으신 것이 아니라는 사실을 이 젊은이들은 알고 있습니다. 그들이 보기에 삶은 눈먼 운명의 손아귀에 붙잡혀 있지 않습니다. 회의나 절망이 사람을 마비시킬 수 있다는 것을 그들은 분명하게 알고 있는 것입니다. 때문에 젊은이들은 온 마음을 다해 재앙의 미래가 아닌 평화의 미래를 향해 난 길을 닦으려고 합니다. 그들은 자기들의 삶이 주위를 환하게 하는 빛이 되게 하려고 노력하고 있습니다. 그들의 이런 노력은 그들이 짐작하는 것보다 더 많은 결실을 이미 거두고 있습니다. 위험과 갈등이 지배하는 곳에서 평화와 신뢰를 심는 사람들이 아직 세상에는 있습니다. 그들은 자기들의 어깨에 무거운 짐을 지고 뒷걸음쳐야 할 때도 많지만 이 모든 것을 견뎌 냅니다.

별이 총총한 여름날 저녁, 떼제에서는 젊은이들이 노래하고 기도하는 소리가 창문 너머로 들려옵니다. 이토록 수많은 젊은이가 여기에 찾아온다는 사실이 예나 지금이나 무척 놀랍습니다. 그들은 구하고 기도합니다. 이를 지켜보며 우리는 그들의 평화에 대한 간절한 바람과 신뢰를 향한 갈망은 밤하늘을 밝히는 작은 별들과 같다고 말하곤 합니다. 우리는 많은 사람이 "믿음이란 무엇인가?"라고 자문하는 시대에 살고 있습니다.

믿음은 하느님을 아주 단순하게 신뢰하는 것입니다. 믿음은 신뢰가 삶 가운데서 끊임없이 새롭게 깨어나 터져 나오는 일이기도 합니다. 신뢰의 이러한 활동 없이는 삶이 불가능합니다. 의심은 모든 사람 마음속에서 일어날 수 있습니다. 따라서 의심이 일어난다고 해서 불안해할 필요가 없습니다. 우리는 무엇보다 우리의 마음 한가운데서 낮은 목소리로 "의심하고 있는가? 걱정하지 마라. 성령이 항상 너와 함께하신다" 하고 말씀하시는 그리스도의 음성에 귀 기울이고자 합니다.

어떤 사람들은 놀라운 사실을 발견했습니다. 의심에 가득 찬 마음 가운데서도 하느님 사랑이 피어날 수 있다는 것입니다.

복음서에서 그리스도의 첫 설교는 "행복하여라, 마음이 가난한 사람들!"로 시작합니다. 마음속에서나 생활에서나 단순함(가난함)을 향해 나아가는 사람은 행복한 사람입니다. 꾸밈없는 마음을 지닌 사람은 지금 이 순간을 살려고 노력합니다. 매일을 하느님께서 주신 오늘로 받아들이려고 애씁니다. 단순한 마음은 해맑은 기쁨과 즐거움 가운데서 드러나지 않습니까? 단순한 마음을 지닌 사람은 자기 혼자만 믿음에 대해 모든 것을 다 알고 있다고 우기지 않습니다. 꾸밈없는 마음을 가진 사람은 자신에게 말합니다. "다른 사람들은 내가 겨우 알까 말까 하는 것을 훨씬 더 잘 알고 있다. 그래서 이 사람들이 내가 삶의 길을 계속 갈 수 있도록 도와준다." 단순하게 사는 사람은 가난한 사람들에게 나누어 줄 줄 압니다. 그렇게 질병, 빈곤이 있는 곳에서 고통을 덜어 줍니다.

우리가 개인적으로 하는 기도도 단순합니다. 기도할 때 많은 말이 필요하다고 생각합니까? 그렇지 않습니다. 두려움과 희망, 모든 것을 하느님께 맡기기에 몇 마디만으로 충분합니다. 서툴게 꺼낸 몇 마디도 얼마든지 기도가 될 수 있습니다. 자신을 성령께 온전히 맡길 때 우리는 불안에서 나와 신뢰로 이끄는 길로 들어서게 됩니다. 그러면 우리는 성령께 이렇게 기도하게 됩니다. "성령이여, 저희가 매 순간 저희 마음을 당신께 향하도록 해 주소서. 당신께서 저희 안에 거하시며 저희 안에서 기도하시고 저희 안에서 사랑하신다는 것을 저희는 자주 잊어버립니다. 끊임없이 용서하시는 당신이 제 안에 계십니다."

그렇습니다. 성령은 우리 마음속에 불을 밝혀 주십니다. 그 불은 언뜻 너무 가냘프게 보이지만 우리 마음속에서 하느님에 대한 갈망을 일깨워 줍니다. 하느님을 갈망하는 것이 이미 기도입니다. 기도는 우리를 세상에서 벗어나게 해 주지 않습니다. 오히려 그 반대지요. 기도만큼 책임감이 필요한 일은 없습니다. 단순하고 겸손하게 기도하면 할수록 더 사랑해야 하고, 스스로의 삶으로 드러내야 합니다. 복음에서 출발하는 삶에 없어서는 안 될 이 단순함을 어디서 찾을 수 있을까요? 그리스도의 말씀에서 분명해집니다. 그분께서 어느 날 제자들에게 말씀하셨습니다. "어린이들을 그냥 놓아두어라. 나에게 오는 것을 막지 마라. 사실 하늘 나라는 이 어린이들과 같은 사람들의 것이다"(마태 19,14). 어린이들의 믿음은 사람들에게 얼마나 많은 것을 주는지 모릅니다. 이는 아무리 강조해도 지나치지 않을 겁니다. 그러므로 우리는 하느님께 이렇게 청합니다. "하느님, 당신은 저희를 사랑하십니다. 저희가 단순한 사람이 되게 하소서. 기도할 때, 사람들과 친교를 나눌 때, 손님에게 친절을 베풀 때 …. 이 모든 일을 할 때 저희에게 깊은 단순함을 주소서."

예수 그리스도께서 이 땅에 오신 것은 누군가를 비난하기 위해서가 아닙니다. 인간에게 친교의 길을 가르쳐 주시기 위해서입니다. 그리스도는 2,000년 전부터 성령을 통해 우리 가운데 현존하고 계십니다. 신비로 가득 찬 그분의 현존은 눈에 보이는 친교 안에서 실재합니다. 이 현존은 서로 분열하지 말고 함께 길을 가라는 부름을 받은 여자, 남자, 젊은이들을 하나 되게 해 줍니다. 그러나 그리스도인들은 역사의 흐름 속에서 충격적인 일을 많이 겪었습니다. 똑같이 사랑의 하느님을 믿는다고 고백하면서도 서로 분열했던 것입니다.

오늘날 이런 분열을 극복하고 친교를 다시 이룩하는 일이 매우 시급합니다. 이것을 나중으로, 종말까지 미룰 수는 없는 노릇입니다. 그리스도인들이 친교의 영에 깨어나기 위해 우리는 할 수 있는 모든 노력을 다하고 있습니까? 교파 간의 일치를 나중으로 미루지 않고 아주 단순하고 간단하게 자기들이 서 있는 자리에서 다른 교파 사람들과 친교를 나누며 사는 그리스도인들이 있습니다. 그들은 모든 사람을 위해 자기들의 삶으로 그리스도를 지금 여기에 계시는 분으로 만들고자 합니다. 그들은 교회가 교회 자체를 위해 있는 것이 아니라 세상을 위해 있음을, 평화의 누룩을 세상 안으로 가져오기 위해 있음을 잘 알고 있는 사람들입니다.

'공동체'는 교회가 가진 가장 아름다운 이름입니다. 이 공동체 안에서는 격심한 대결이 있을 수 없습니다. 정직, 어진 마음, 자비만 있습니다. 이런 마음이 있는 곳에는 거룩함의 문이 활짝 열릴 것입니다. 복음에서 우리는 놀라운 발견을 하게 됩니다. 하느님은 두려움과 걱정을 불러일으키시는 분이 아닙니다. 우리를 사랑하시기만 할 뿐입니다. 하느님은 성령의 현존을 통해 우리에게 오셔서 우리 마음을 변화시키십니다. 그래서 우리는 단순한 기도를 통해 우리가 결코 혼자가 아니라는 사실을 어렴풋이나마 알게 됩니다. 성령은 지금 이 순간뿐 아니라 영원한 생명에 이르기까지 하느님과 우리의 친교를 더욱 굳건하게 만들어 주십니다.

로제 수사의 이 편지는 55개 국어로(그중 24개 국어는 아시아 언어다) 번역되었으며 리스본에서 열린 '유럽 젊은이 모임'에서 발표되었다. 이 편지는 2005년에 매주 떼제에서 열리는 젊은이 모임과 유럽 혹은 다른 대륙에서 열리는 모임에서 묵상 자료로 쓰이고 있다.

로제 수사의 편지 주석과 해설

다음 말씀들은 기원전 600년에 쓰였다.

"나는 너희를 위하여 몸소 마련한 계획을 분명히 알고 있다. 주님의 말씀이다. 그것은 평화를 위한 계획이지 재앙을 위한 계획이 아니므로, 나는 너희에게 미래와 희망을 주고자 한다"(예레 29.11).

"그들이 원수의 땅에서 돌아올 것이다. 주님의 말씀이다. 네 앞날은 희망이 있다. 주님의 말씀이다. 네 자녀들이 고향으로 돌아오리라"(예레 31.16-17).

2004년에 10개국이 새로 유럽 연합에 가입하면서 유럽의 많은 젊은이는 자기들이 살고 있는 유럽이 오랜 세월 분열과 갈등을 끝내고 이제 일치를 추구하며 평화의 길을 가려고 한다는 사실을 깨닫고 있다. 물론 긴장과 불의, 공공연한 폭력이 남아 있어서 사람들이 아직 의심을 품고 있기는 하다. 이 때문에 제자리걸음을 하지 말고 계속 나아가는 것이 매우 중요하다. 평화 추구는 유럽 공동체 건설을 위한 바탕이다. 그러나 더 강력하고 더 부유한 대륙을 만드는 일이 유럽 공동체 건설의 목표라면 우리 관심 밖의 일이다. 유럽 대륙이 유럽 공동체를 건설하면서 자기들의 문제만 해결하고 싶다는 유혹에 굴복해도 마찬가지다. 유럽은 다른 대륙들에 온전히 개방될 때만, 가난한 나라들과 긴밀한 유대를 맺을 때만 자체의 정당성을 온전하게 찾을 수 있다. 유럽 공동체를 건설하는 일은, 이 일이 인류 가족을 위한 평화에 이바지하는 한 단계로서 간주될 때만 의미가 있다. 이 때문에 우리는 매년 말 열리는 젊은이 모임(이 모임이 '유럽 젊은이 모임'이라는 이름을 갖고 있긴 하지만)을 '이 세상 신뢰의 순례길'로 이해하고 싶다.

"내가 아버지께 청하면, 아버지께서는 다른 보호자를 너희에게 보내시어, 영원히 너희와 함께 있도록 하실 것이다. 그분은 진리의 영이시다. 세상은 그분을 보지도 못하고 알지도 못하기 때문에 그분을 받아들이지 못하지만, 너희는 그분을 알고 있다. 그분께서 너희와 함께 머무르시고 너희 안에 계시기 때문이다. 나는 너희를 고아로 버려두지 않고 너희에게 다시 오겠다"(요한 14,16-18).

"나는 너희에게 평화를 남기고 간다. 내 평화를 너희에게 준다. 내가 주는 평화는 세상이 주는 평화와 같지 않다. 너희 마음이 산란해지는 일도, 겁을 내는 일도 없도록 하여라"(요한 14,27).

하느님은 우리가 믿거나 의심하는 것과는 상관없이 존재하시는 분이다. 우리 마음속에 의심이 일어난다 해도 하느님은 그 때문에 우리에게서 멀어지시지 않는다.

도스토예프스키는 이렇게 썼다. "나는 의심이 많고 믿지 못하는 사람이다. 믿음에 대한 목마름으로 나는 끔찍한 고통을 겪었고 지금도 겪고 있다. 내 영혼 안에서 믿음을 거부하는 소리가 커지면 커질수록 믿음에 대한 갈증은 더 심해진다. 내 영혼은 의심의 연옥불을 거쳐서야 비로소 하느님을 찬미할 수 있게 되었다." 그런 의심 속에서도 도스토예프스키는 "그리스도보다 더 아름답고, 더 깊고, 더 온전한 것은 없다. 다른 것은 없을뿐더러 있을 수도 없다"고 했다. 하느님의 사람인 도스토예프스키는 그의 마음속에 믿지 않는 사람과 믿는 사람이 나란히 서 있다고 고백했다. 그러나 이것이 그리스도에 대한 그의 열정적 사랑을 약하게 하지는 않았다.

"행복하여라, 마음이 가난한 사람들! 하늘 나라가 그들의 것이다"(마태 5,3).

우리 믿음이 굳건하지 않더라도 우리는 자신의 믿음뿐 아니라 우리를 앞서 간 사람들과 주위 사람들의 믿음에 의지한다.

'국제연합식량농업기구'는 최근에 '세계기아지도'를 발표했다. 지난 몇 년간 기아 문제가 어느 정도 나아졌다고는 하지만 아직도 8억 4천만 명이나 기아에 허덕이고 있다. 그중 1억 8천만 명이 다섯 살 이하의 어린이다.

"너희가 기도할 때에 다른 민족 사람들처럼 빈말을 되풀이하지 마라. 그들은 말을 많이 해야 들어 주시는 줄로 생각한다. 그러니 그들을 닮지 마라. 너희 아버지께서는 너희가 청하기도 전에 무엇이 필요한지 알고 계신다"(마태 6,7-8).

자신을 온전히 하느님께 맡기려는 사람들에게는 반복해서 부를 수 있는 단순한 노래들이 도움이 된다. "하느님의 품에 안기면 나는 걱정이 없어 어린아이처럼 말이 없네." 직장에서나 여가 시간에 부르는 이런 노래는 마음속에 오래 여운이 남는다.

"예수님께서는 이렇게 이르셨다. '어린이들을 그냥 놓아두어라. 나에게 오는 것을 막지 마라. 사실 하늘 나라는 이 어린이들과 같은 사람들의 것이다'"(마태 19,14).

일주일 내내 우리 곁에 앉아 함께 기도하던 아홉 살짜리 사내아이가 내게 말했다. "아빠가 우릴 버리고 가 버렸어요. 다시는 아빠를 못 만날 거예요. 하지만 나는 아직 아빠를 사랑해요. 그래서 저녁마다 아빠를 위해 기도해요."

"사실 그리스도께서도 죄 때문에 단 한 번 고난을 겪으셨습니다. 여러분을 하느님께 이끌어 주시려고, 의로우신 분께서 불의한 자들을 위하여 고난을 겪으신 것입니다. 그러나 육으로는 살해되셨지만 영으로는 다시 생명을 받으셨습니다"(1베드 3,18).

"거룩한 영으로는 죽은 이들 가운데서 부활하시어, 힘을 지니신 하느님의 아드님으로 확인되신 우리 주 예수 그리스도이십니다"(로마 1,4).
"그분께서는 사람으로 나타나시고, 그 옳으심이 입증되셨으며, 천사들에게 당신 모습을 보이셨습니다. 모든 민족들에게 선포되시어 온 세상이 믿게 된 그분께서는 영광 속으로 올라가셨습니다"(1티모 3,16).

그리스도를 믿는 사람들의 공동체는 '교회'라 불린다. 하느님 마음 속에 교회는 하나이며 갈라져 있을 수 없다. 우리가 복음에 가까이 다가가면 갈수록 우리는 서로 더욱 가까워진다. 그리스도인들을 갈기갈기 찢었던 분열은 사라진다. 그리스도는 미루지 말고 즉시 화해하라고 외치신다. 마태오 복음서에 쓰인 그분의 말씀을 잊을 수 없다. "네가 제단에 예물을 바치려고 하다가, 거기서 형제가 너에게 원망을 품고 있는 것이 생각나거든, 예물을 거기 제단 앞에 놓아두고 물러가 먼저 그 형제와 화해하여라"(5,23-24). '나중'에가 아니라 '먼저'다.

그리스 정교회 총주교 이그나티우스 4세는 많은 시련을 겪은 근동의 다마스쿠스에 살고 있다. 그는 다음과 같은 인상 깊은 말을 했다. "'교회 일치 운동'은 뒷걸음치고 있습니다. 초창기에 교황 요한 23세와 아테나고라스 총주교가 전력을 다해 이룩해 놓았던 예언자적 업적에서 이제 무엇이 남아 있습니까? 분열은 그리스도를 인식할 수 없게 만듭니다. 분열은 '세상이 믿게 되도록' 우리가 서로 화합하는 것을 보시고자 하신 그분의 의지를 거스르는 것입니다. 지금 미로에 빠져 갈팡질팡하는 '교회 일치 운동'을 제대로 이끌어 나가기 위해서는 예언자적 결단력이 필요합니다. 교파들이 서로를 용서하고 회개하도록 도와주는 예언자와 성인들이 필요합니다."

    1986년 10월 5일 떼제를 방문한 교황 요한 바오로 2세는 우리 공동체와 이야기를 나누면서 공동체의 길에 대해 이 말을 꼭 기억하라고 했다. "여러분은 스스로 공동체의 표양이 되고자 하는 사람들입니다. 공동체 삶을 통해 여러분은 여러분이 만나는 모든 사람이 그들이 받은 교육의 결실인 동시에 양심의 결단인 그들이 속한 교회에 더욱 충실하도록 도와줍니다. 거기에 더하여 여러분은 사람들이 친교의 신비, 즉 하느님의 계획 가운데 하나인 교회와 점점 더 깊은 관계를 맺도록 도와주고 있습니다."

저희 마음의 기쁨이신 예수님,
당신은 저희에게
당신의 성령을 부어 주십니다.
이 성령은 저희 안에서
새로운 신뢰가 피어나게 해 주십니다.
하느님을 갈망하기만 해도
저희의 영혼이
생기를 얻는다는 사실을
저희는 성령을 통해 깨닫습니다.

              로제 수사

믿음의 장소 떼제
스위스의 카를 슈네처 목사

제네바에서 개신교 개혁 신학을 공부한 로제 슈츠는 그리스도인이 그리스도인에 맞서 싸우던 제2차 세계대전의 잔인함과 고통에 충격을 받고 진정한 그리스도인의 삶을 살려고 새로운 길을 찾고 있었다. 1940년, 그는 클뤼니 인근 떼제에 집 한 채를 마련해 거기에 정착했다. 하루 세 번 기도 시간을 정하고 전쟁 난민들을 돌봐 주었다. 1942년에 첫 수사가 나왔고 얼마 후 떼제 공동체가 세워졌다. 전쟁 후 공동체는 발전을 거듭했다. 세계 각국, 서로 다른 그리스도교 교파 사람들이 떼제에서 수사가 되어 함께 일하게 되었다.

  1960년대에 떼제 방문객의 수가 늘어나자 공동체는 독일 '화해의 표징 운동'(Aktion Sühnezeichen)의 도움으로 큰 교회를 지었다. 이 교회가 '화해의 교회'(Eglise de la Réconciliation)다. 1989년, 베를린 장벽이 무너지자 동유럽에서 수많은 사람이 찾아왔다. '화해의 교회'는 또 한 번 증축되었다. 그 사이에 떼제는 전 유럽과 다른 대륙에서 찾아오는 사람들, 특히 젊은이들이 만나는 만남의 장소가 되었다. 여기서 그들은 믿음을 기반으로 하여 자신의 삶을 살 용기를 얻는다.

하루 세 번의 기도는 믿음의 원천

  떼제의 하루 일과는 아침·낮·저녁 기도를 중심으로 짜여 있다. 기도 시간을 알리는 종이 울리면 사람들은 하던 일을 멈추고 교회에 모인다. 수사들과 수많은 방문객으로 교회가 가득 차고, 모든 사람이 함께 노래를 부르기 시작하면 하느님 찬양의 힘이 분명하게 느껴진다. 믿음의 표현, 믿음의 증언이 바로 하느님 찬양이 아니고 무엇이겠는가?

떼제에서는 많은 젊은이가 공동기도를 통해 믿음을 접한다. 떼제의 전례는 아주 간단하다. 그래서 기도에 참석한 경험이 없는 사람들도 짧은 시간에 마음으로 따라갈 수 있다. 이렇게 따라가는 일이 곧 믿음으로 가는 첫발을 내딛는 것이다. 오늘날 많은 사람이 마음 깊은 곳으로 파고드는 믿음을 간절히 원하고 있다.

수많은 사람이 함께 모여 기도하는 곳에 있으면 믿음의 길이 결코 혼자 가는 길이 아니라는 사실이 분명해진다. 어떤 사람은 우리와 같이 길을 가 주고, 어떤 사람은 우리와 함께 찾아 나선다. 그리고 그들이 신앙생활을 하면서 발견한 것을 다음 세대에게 물려준다. 우리는 이 모든 것을 의식하거나 숙고해 보기도 전에 떼제의 일상인 기도에서 체험할 수 있다.

떼제가 선택한 기도 형태는 떼제가 새롭게 만든 것이 아니다. 이미 오래전부터 그리스도교 안에서 실행되었던 여러 상이한 전통에서 빌려 온 것이다. 시편 기도는 정통 수도회의 기도지만 성경에 깊이 뿌리를 내리고 있는 근본적이며 초교파적인 기도다. 떼제에서는 가끔 개혁 교회 전통에서 나온 찬송가도 울려 퍼진다. 성경 봉독 후 오랫동안 침묵하는 것, 노래와 기도 형태로 여러 번 반복되는 짧은 말씀들은 신비주의를 생각하게 한다. 이렇게 떼제에서는 여러 교파의 전통에서 나온 풍요하고 값진 보물이 빛을 발하고 있다. 그리고 믿음은 아름답고 시적인 것으로서 체험된다. 짧은 성경 봉독은 교회에 모인 사람들이 다 이해할 수 있도록 여러 나라 말로 행해진다. 노래도 다양한 언어로 되어 있다. 하나의 믿음이 여러 언어로 표현되고 있는 것이다. 이것이 바로 많은 민족의 고유성을 해치지 않고 그대로 두면서 하나로 묶어 주는 교회의 모습이다. 이렇게 젊은이들은 떼제 기도 안에서 고향, 보호받고 있음을 체험한다. 그렇다고 이런 느낌이 답답하거나 배타적인 것은 아니다.

성경은 믿음의 원천

떼제를 찾은 방문객들은 여러 그룹으로 나뉘어 수사들과 공부한다. 그런 다음 다시 작은 그룹을 지어 공부한 성경 구절을 다시 읽고 그에 대한 느낌과 의견을 나눈다.

대화의 초점은 성경 구절에 대한 분석적 논쟁도 아니고 특정 교파의 이론을 배우는 것도 아니다. 성경을 읽고 나면 젊은이들은 "이 구절이 내 삶과 어떤 관계가 있습니까? 어떻게 하면 믿음을 출발점으로 삼아 내 삶을 꾸려 갈 수 있을까요?" 하고 묻는다. 성경이 담고 있는 믿음에 대한 증언을 놓고, 양로원에서 노인을 돌보는 독일 간호사는 체코에서 온 관광 안내원이나 남아메리카에서 온 기자와는 분명 다르게 반응할 것이다. 바로 이 때문에 상대방의 말을 귀 기울여 듣는 일이 매우 흥미로우며, 그 자리에 모인 사람들은 이렇게 상대방의 말을 경청하는 가운데 성경의 중심, 즉 말씀이 사람이 되신 그리스도께 다가가게 된다. 이는 믿음의 말씀이 개인의 삶 속에서 구체적인 모습을 띠려 한다는 뜻이기도 하다.

대화는 자연스럽게 정의, 연대감, 창조 세계의 보호를 위해 투신하는 삶에 대한 이야기로 넘어간다. 이런 대화와 경험을 통해 믿음이 강해진 젊은이들은 집으로 돌아가 아주 구체적인 일에 헌신하겠다고 다짐한다. 예컨대 무공해 제품에 관심을 쏟는 환경보호 단체 혹은 장애인 복지 단체 등에서 그들을 볼 수 있을 것이다.

이런 대화 모임에서는 어느 누구에게도 깊은 신앙을 요구하지 않는다. 이 모임은 모든 사람을 반갑게 맞아들인다. 신앙을 가질 수 없다고 생각하는 사람, 종교 용어는 모른다는 사람도 마찬가지다. 삶을 소중하게 하는 것이 무엇인지 진지하게 모색하는 자세와 거리낌 없는 이 자유가 결합되어, 국적·직업·나이가 서로 다른 사람들로 이루어진 이 모임에 활기를 불어넣고 모두를 즐겁게 한다.

여러 분야에서 책임자 자리에 있는 성인들은 떼제의 젊은이들에게서 믿음에서 우러나온 행동이 기쁨으로 행해지는 것을 발견한다. 의도도 좋고 전문적이며 효과적인 계획을 놀랍도록 끈기 있게 실행해 나가는 걸 보면 젊은이들의 이런 자세가 우리에게도 얼마나 절실하게 필요한지 모른다.

교회의 친교는 믿음의 원천

로제 수사는 이렇게 썼다. "그리스도교 신앙은 삶이지 이론이 아니다. 떼제에 오는 사람은 실제로 삶과 만난다. 많은 사람이 그들의 운명, 희망, 상처, 삶에서 나온 물음들을 떼제로 가져온다. 그러므로 방문객을 맞이하는 일은 우리 수사들에게 삶의 무거운 짐을 지고 있는, 그러나 자신만의 재능을 지닌 사람들을 세심한 관심으로 받아들인다는 것을 뜻한다."

로제 수사는 믿음이 얼마나 약하고 부서지기 쉬운가에 대해 자주 이야기했다. 믿음의 어두운 밤도 믿음에 속한다. 이러한 인식은 우리를 위로해 주며 마음을 다시 열 용기를 준다. 믿는다는 것은 항상 새롭게 시작할 용기를 갖는다는 뜻이기도 하다. 떼제에서는 어느 누구도 믿음을 강요받지 않는다. 여기서는 믿음으로 난 길이 기다림을 지나 '자기 마음에 샛별이 떠오를 때'까지 인도한다. 이렇게 할 때만 죽음에서 삶을 향해 그리스도를 따른다는 것이 무엇을 뜻하는지 체험할 수 있다.

떼제의 분위기가 인내, 존중, 자유로 가득 차 있음은 방문객들 사이에서 생겨나는 신뢰 가운데서 분명하게 드러난다. 처음에는 서로 전혀 모르는 사람들이 자기를 소개한다. 그런 다음 대화는 점점 더 개인적이 된다. 그들은 자기가 말할 수 있고, 또 말하고자 하는 주제를 대화에 가지고 들어온다. 함께 지낸 일주일이 끝날 무렵 참가자들은 서로 주소를 교환하며, 이미 우정이 생겨났다. 그룹 내에서 항상 여러 나라 말이 쓰이고 그래서 통역이 필요하지만, (아니면 바로 그렇기 때문에) 이 모든 신뢰와 우정이 가능하다. 일주일을 함께 지내면서, 전혀 몰랐던 낯선 사람이 그렇게 정답고 친근하게 느껴진다는 것은 기적이다. 이 기적의 바탕은 믿음에서 나온 신뢰다. 러시아에서 온 한 젊은 여성은 이를 이렇게 표현했다. "떼제에서 나는 두려움을 갖지 않는 법, 두려움 없이 사는 법, 마음 열기를 두려워하지 않는 법을 배웠어요. 힘들 때 마음의 문을 닫고 있으면 아무도 도와주지 않아요. 그러나 마음의 문을 열면 도와줄 누군가가 항상 있게 마련입니다."

단순한 생활 방식도 이런 열린 마음이 생겨나게 해 준다. 떼제의 숙소와 식사는 매우 검소하다. 모든 방문객은 일상적인 일(설거지, 청소 등)을 거들어야 한다. 그런 일을 하면서 이루어지는 만남, 매일 사람들의 필요를 충족시키는 일을 같이 책임진다는 것은 친교를 아주 구체적인 것이 되게 한다.

사소한 일이라도 서로 믿을 수 있어야 한다. 누가 무엇을 잊어버렸거나 오해가 생겼을 때 사람들은 이해심과 좀 더 주의 깊게 일하는 자세를 배운다. 사고방식과 생활 방식이 너무나 다른 많은 사람이 함께 지내는 곳에서 이 모든 것이 가능하다는 사실은 희망의 표징이며 신뢰를 불러일으킨다. 떼제에서는 예수님의 산상 설교를 연상시키는 단순한 생활 방식으로 믿음을 표현한다. 그러나 떼제 공동체는 그들의 단순한 생활 방식이 결코 궁색이나 궁핍을 뜻하지 않음을 강조한다. 단순함이 곧 궁색함을 뜻한다면 그것은 자비와는 거리가 멀다. 예수님도 산상 설교에서 하느님이 창조하신 세상의 단순함 안에 있는 아름다움과 찬란함을 묘사하신다.

떼제에서 젊은이들은 교회란 답답한 제도가 아니라 믿음의 원천에서 솟아나온 공동의 삶이라는 사실을 확인하고 감격해한다. 우리는 사도신경의 마지막 부분에서 '거룩하고 보편된 교회를 믿는다'고 고백한다. 오늘날 교회가 믿음의 대상일 수 있다는 것을 도저히 납득하지 못하는 사람이 많다. 어떻게 교회를 믿는다는 것이 죄의 용서와 육신의 부활, 영원한 삶에 대한 믿음과 나란히 고백될 수 있다는 말인가? '교회를 믿는다는 것'은 도대체 무엇을 뜻하는가? 떼제에서는 '교회를 믿는다는 것'의 의미를 발견할 수 있다. 믿음의 원천들이 교회에 맡겨졌다는 뜻이다. 교회가 깊은 신비를 품고 있는 유일무이한 친교의 공동체라는 사실을 사람들은 떼제에서 체험한다. 이런 의미에서 믿음의 장소인 떼제는 교회와 다르지 않다.

누룩처럼 퍼지는 믿음이 있는 곳

교회 지도자들 사이에서는 요즘 특정한 본보기를 세워 운동의 목표를 규정하는 일이 유행처럼 되어 있다. 그러나 한편으로는 이를 감시하는 장치의 검열을 받고 있다. 교회 관리자들은 이를 원한다. 떼제에서는 이런 염려를 할 필요가 없다. 젊은이들의 모임과 하루 세 차례의 기도는 그 유례를 찾을 수 없을 만큼 일관성 있게 꾸준히 실행되고 있다. 이 일관성은 믿음과 내적 성실의 표현이기도 하다. 자기가 하는 일이 효과를 거두고 있는지 끊임없이 살피는 대신, 이곳 수사들은 자기들이 뿌린 씨가 싹을 틔울 것이라고 확신하고 있다. 그들의 믿음은 그들이 옳다고 말해 준다. 역설적으로 들릴지 모르겠지만 떼제의 일관성이 지닌 힘은 그 사이에 발전을 거듭하여 유럽의 큰 교파뿐 아니라 온 세계의 여러 교회에 깊숙이 파고들어 큰 영향력을 미치고 있다. 오늘날 '영성'이 언급되는 곳에서는 떼제라는 이름이 회자된다. 기성세대와 신세대를 가르지 않고 모든 세대를 아우르는 단순한 교회음악을 찾다 보면 떼제의 노래에 다다르게 된다. 이는 치밀한 계획과 연구를 통해 예측할 수 있는 파급 효과가 아니다. 그간 얼마나 많은 시민운동과 정치 분야에서의 진보적 생각들이 떼제에서 발상했는지, 얼마나 많은 사람이 자기 앞에 놓인 작은 과제들을 실행할 성실함을 떼제에서 배워 갔는지 헤아릴 수 없을 것이다. 이것은 독창적인 힘을 지닌, 누룩처럼 퍼지는 믿음의 힘이다.

  매년 연말연시 유럽의 한 대도시에서 젊은이 모임이 열린다. 지난번에는 리스본에서 열렸다. 이 모임은 여러 교회의 긴밀한 협조 하에 준비되고 개최된다. 떼제 공동체의 수사들이 방문객을 맞이하듯 도시 사람들이 자기 집과 교회에 온 손님들을 맞아들인다. 다른 나라에서 오는 낯선 손님을 맞이하는 가족들은 손님 나라의 말을 모르는 경우가 대부분이다. 그럼에도 그들이 기꺼이 이 일을 하는 것은 모든 사람이 믿음 때문에 한자리에 모인다는 것을 알고 있기 때문이다. 이 모임이 열리는 며칠 동안에 교회가 있는 곳이 믿음이 있는 곳이라는 사실이 확연히 드러나 사람들에게 깊은 인상을 남긴다. 바로 이 때문에 떼제 공동체는 젊은이들을 떼제에 붙잡아 두지 않고 다시 그들이 속한 교회로 돌아가게 한다. 그리하여 그들이 거기서 믿음을 출발점으로 삼아 삶을 살도록 한다.

위로의 성령이여,

저희에게 오시어

저희를 당신에게서 멀어지게 하는

걱정들 위로

당신의 입김을 불어넣어 주소서.

저희로 하여금

마음속 깊은 곳에서

샘솟고 있는

믿음의 원천으로 다가가게 해 주소서.

로제 수사

제3장

떼제 노래

결단성 있고 신중하게 성경 대하기
레기네 쿤츠파이트, 볼프강 수사와 나눈 대화

매일 세 번 노래 부르며 드리는 공동기도처럼 떼제에서는 일관성 있게 실행되는 또 다른 일과가 있다. 바로 성경 공부다. 매일 오전 수사들은 방문객을 100명 내지 300명 단위로 나누어 각 그룹에서 성경 구절을 골라 해설한다. 그런 다음 침묵의 시간을 가진다. 이는 아주 개인적인 시간으로 이 시간에 방문객들은 직전에 들은 성경 말씀이 씨앗 한 알처럼 자기 마음속에 떨어져 들어오도록 한다. 그런 다음 다시 작은 그룹을 지어 모여 성경 구절에 대해 서로 의견을 나눈다.

떼제는 결단성 있게, 그러나 신중하게 성경을 대하라고 권한다. 성경 구절 해석은 가능한 한 성경 자체에 맡기는 것이 바람직하다. 그래서 사람들은 특정한 구절을 성경 전체가 말하고자 하는 복음의 빛에 비추어 조명하려고 한다. 이렇게 하면서 방문객들은 성경 이해의 기초가 되는 맥락들을 파악하기에 이른다. 성경 공부 시간에 참여하는 방문객들이 성경과 맺고 있는 기본적인 관계는 그야말로 천차만별이다. 어렸을 때부터 늘 성경을 접해 왔고 지금도 신앙생활에 열심인 방문객이 있는 반면, 세례를 받지 않은 사람도 있고 그리스도교 신자지만 오랫동안 성경을 멀리한 사람도 있다. 수사들이 이런 다양한 청중들의 기대와 수준에 맞게 성경 공부를 이끌어 나가기란 결코 쉬운 일이 아니다. 따라서 수사들이 강조하듯이 성경 공부는 본질적인 것에 집중해야 한다. 그래야 한편에서는 지루해하지 않고 한편에서는 어리둥절해하지 않는다. 방문객들은 경험 많은 수사들과 함께 성경 구절을 공부하며, 떼제에 마침 성경해석학자가 와 있을 경우 그의 도움을 받기도 한다. 성경 공부에서 가장 중요한 것은 성경의 말씀을 출발점으로 삼고 사는 삶, 전적으로 성경의 말씀에 따라 사는 삶이다.

로제 수사는 자주 이렇게 말하곤 했다. "복음서를 펼쳐 놓고 이렇게 상상해 보면 어떨까? 예수님의 말씀은 내게 태달된, 그러나 내가 모르는 언어로 쓰인 편지다. 나를 사랑하는 사람이 보낸 편지의 의미를 이해하려고 애쓴다. 그리고 내가 조금이라도 이해했다면 그 이해한 것을 실행에 옮길 것이다.

해박한 지식이 중요한 것이 아니다. 지식은 물론 그 나름대로 가치가 있지만 사람은 믿음의 신비를 먼저 마음으로, 마음 저 깊은 곳에서 깨닫기 시작하는 법이다. 지식은 나중에 필요하다. 한꺼번에 모든 것을 다 깨달을 수는 없다. 내면의 삶은 시간이 지나면서 서서히 자라는 법이니까. 오늘날 우리는 옛날과는 달리 믿음을 조금씩 조금씩 파악해 나간다. 인간 내면의 깊은 곳에는 현존에 대한 기대, 하나 됨에 대한 조용한 갈망이 있다. 하느님에 대한 단순한 갈망, 이것이 곧 믿음의 시작임을 잊지 않도록 하자.

어느 누구도 혼자서 복음 전체를 다 이해할 수 없다. 이렇게 말해도 될 것이다: 유일무이한 친교인 교회 안에서는 내가 믿음에 대해 깨닫지 못한 것을 다른 사람들이 이해하고 삶 가운데서 실행하고 있다. 나는 내 자신의 믿음만이 아니라 마리아와 사도들로부터 시작해서 지금 살아 있는 사람들을 포함한 모든 시대의 그리스도인들의 믿음에 의존해 살고 있다. 그리고 나는 날마다 믿음의 신비를 신뢰할 마음의 자세를 갖추고 산다.

믿음, 즉 하느님에 대한 신뢰는 단순해서 모든 사람이 이 믿음을 받아들일 수 있다. 믿음은 우리가 평생 동안, 마지막 숨을 거둘 때까지 수천 번, 수만 번 새롭게 내딛는 발걸음과 같다."

단순함과 반복이 지닌 신비
독일 젊은이들과 볼프강 수사

떼제에 온 사람들이라면 종소리가 울릴 때 특히 기분이 좋아질 것이다. 이는 떼제 언덕에서 매일 세 번, 기도 시간을 알리는 종소리다. 종이 울리기 시작하면 젊은이들은 대화나 일을 멈추고 혼자 혹은 그룹을 지어 교회로 간다. 교회에 들어가면 조용하고 묵상적인 분위기가 우리를 맞이한다. 은은한 조명이 제단을 밝혀 주고 제단 주위에 놓인 성화들과 수많은 불빛이 눈길을 끈다. 사람들 대부분 양탄자 위에 무릎을 꿇거나 그냥 편한 자세로 앉는다. 공동체 수사들도 차례차례 교회 안으로 들어와 교회 한가운데 자리 잡고 앉는다. 떼제 전체가 조용해진다. 얼마 후 한 수사가 노래를 부르기 시작하면 교회에 모인 모든 수사와 방문객이 노래를 따라 부른다. 기도가 시작되었다.

개인적인 경험

매주 세계 곳곳에서 떼제를 찾아오는 수많은 젊은이는 떼제 고유의 기도 형태를 발견한다. 1,500년 전쯤 어떤 그리스도인이 말했다. "노래하는 사람은 곱절로 기도하는 사람이다." 떼제의 젊은이들이 바로 이렇게 기도하는 사람이다. 떼제 공동체를 세운 로제 수사는 이렇게 썼다. "혼자 기도하기 힘들 때가 있다. 그러니 다 같이 드리는 기도가 얼마나 아름다운지 잊지 말자. 단순한 말과 찬양, 노래로 표현되는 기도는 영혼 밑바닥에 가닿는다." 떼제에 오는 젊은이들은 세상 어디서나 볼 수 있는 젊은이들과 똑같다. 떼제에서 이 젊은이들은 오랫동안 가만히 앉아 기도하고 침묵하고 노래한다. 그들은 마음속에서 하느님을 향한 갈망이 솟아오르고 있다는 것에 대해 스스로 놀라워하고 있는 듯하다. 어떤 여학생은 이렇게 말한다. "처음 떼제에 와서 기도 시간에 떼제 노래를 반복해서 불렀던 때가 지금도 기억에 생생합니다. 매일 하루 세 번 함께 모여 기도하는 시간이 제게 아주 특별해요. 기도 시간은 나에게 그냥 교회에 앉아서 다른 사람들과 함께 하느님 앞에서 기도하며 하느님을 찬양하는 시간입니다. 혼자가 아니라 모두 함께 기도하는 일은 정말 너무나 아름다운 일입니다. 사람들은 함께 노래 부르며 서로를 붙들어 줍니다. 내가 같이 부르지 않아도 기도는 계속되지요.

같이 기도할 때 내 목소리는 많은 목소리 가운데 하나예요. 노래 기도의 아름다움은 서로 조화를 이루며 울려 퍼지는 여러 목소리를 통해 생겨난다고 봅니다. 떼제의 노래들은 마음을 차분하게 해 줍니다. 노래를 부르다 보면 나 자신에게 돌아오게 되고 마음속이 고요해집니다. 짧은 가사의 반복을 통해 노래들은 점점 더 아름다워지고 힘에 넘치게 됩니다. 조용한 멜로디들이 간단하고 분명한 노래 가사에 너무나 잘 어울립니다. 이 하나 됨 안에서 우리가 무엇을 위해 기도하는지 분명해집니다."

한 남학생이 말한다. "떼제 노래들은 하느님 혹은 하느님에 대한 갈망을 이야기합니다. 그래서 온전히 하느님을 향하도록, 그분의 현존이라는 은총에 마음을 활짝 열도록 도와줍니다. 그래서 우리 마음의 눈이 자기 주위만 맴돌지 않고 우리보다 더 크신 분을 향하도록 해 줍니다. 그러면 우리 영혼은 하느님 앞에서 문을 엽니다. 떼제 노래들은 참으로 아름다워서 우리를 기쁘게 해 줍니다. 이 기쁨은 몇몇 사람에게서만 머물지 않고 많은 사람에게 옮겨 갑니다. 기도하기 위해 모인 사람들과 함께 하느님을 찬양하도록 이끌어 줍니다. 그러다 보면 하느님께서 베푸시려고 하는 기쁨을 우리 마음 속에서, 그리고 사람들과의 친교 속에서 느끼는 일이 쉬워집니다. 노래하면서 우리는 마음을 무겁게 하는 모든 짐을 꺼내 하느님 앞에, 그분의 현존 앞에 바칠 수 있습니다. 떼제 노래들은, 하느님이 두려움의 미래가 아니라 신뢰와 평화의 미래를 열어 주신다는 사실을 분명하게 해 줍니다."

사회참여와 기도

모든 시대의 이루 셀 수 없이 많은 그리스도인이 몇 마디로 이루어진 짧은 구절들을 반복하는 묵상기도를 통해 하느님과의 일치를 발견하고자 했다. 끝이 따로 정해져 있지 않은 노래들은 기도 시간 이후에도 일터에서, 사람들과의 만남에서, 여가를 보낼 때 계속 이어진다. 이 노래들은 기도와 일상생활을 묶어 준다. 많은 사람과 함께 부르는 기도는 밤낮 구별 없이 마음의 정적 가운데서 무의식적으로 계속된다. 한 여학생은 이렇게 말한다. "기도는 내 마음에 용기를 불어넣어 지금 이 시간에 기뻐하도록, 하느님의 사랑과 그분께서 선사하시는 기쁨과 평화를 향해 내 마음을 열도록, 이 선물을 지금 이 시간에 만끽하도록 해 줍니다. 또한 기도 노래들은 이 기쁨을 일상생활로 옮겨 갈 용기를 줍니다. 내가 일할 때나 친구들과 우정을 주고받을 때 기도 노래 안에 담긴 희망이 내 마음속에 계속 남아 울리고 있음을 느낍니다." 한 남학생이 덧붙여 말한다. "여기서는 기도가 전체의 한 부분입니다. 물론 기도가 전체의 중심을 이루고 있지만 기도와 어울려 훨씬 더 많은 것이 있습니다. 여기서는 기도와 예배가 따로이거나 이와는 상관없는 일상생활이 따로 있는 것이 아닙니다. 그보다는 소박하게, 손님에게 친절을 베풀며 서로 어울려 사는 것이 중요하다고 봅니다."

한 성인 방문객은 기도 노래가 일상생활의 중요한 버팀목이 된다며 개인적 경험을 통해 표현한다. "「두려움이 없네」라는 노래가 있습니다. 여기서 노래를 많이 부르고 나니 마음이 한결 평온해졌습니다. 의사로 일하면서 하루 종일 환자들의 크나큰 두려움을 같이 겪다 보니 다른 사람들의 두려움이 내 마음에 가득 차게 됩니다. 이 두려움을 나 혼자 짊어지긴 힘듭니다. 나는 떼제 노래를 즐겨 부릅니다. 여기에 온 젊은이들과 노래하고 기도하다 보면 신뢰를 얻게 되니까요." 사회참여와 기도는 이 세상에서 화해를 이룩하고자 하는 떼제의 수사들에게는 처음부터 떼려야 뗄 수 없는 관계다.

『떼제 기도서』의 머리말에는 로제 수사의 말이 쓰여 있다. "기도는 인간의 마음 안에서 일하며, 인간을 완성하는 막강한 힘이다. 기도의 힘은 인간이 악, 즉 전쟁과 이 땅의 죄 없는 사람들을 위협하는 모든 것을 보지 않으려 눈감아 버리는 일을 허용하지 않는다. 기도 가운데 우리는 삶의 조건을 개선하고 세상을 살기 좋게 하기 위해 싸울 힘을 얻는다. 그리스도를 따르는 사람은 하느님 곁에 머무르는 동시에 인간 곁에 머무른다. 그리스도를 따르는 사람은 기도와 인간 상호 간의 연대, 이 둘을 떼어 놓지 않는다."

모든 사람을 위한 기도 형태

1960년대 말부터 세계 각국에서 많은 젊은이가 떼제를 찾아오기 시작했다. 떼제 공동체는 모든 사람이 함께할 수 있고, 가능한 한 쉽게 따라 할 수 있는 공동기도를 만들어야 했다. 떼제에는 매주 젊은이들이 찾아와서 일주일간 머물다 간다. 물론 이들은 한 가지 언어를 쓰지 않고 서로 다른 언어를 쓴다. '떼제 노래'는 모국어가 다른 젊은이들이 다 같이 부를 수 있는 노래들로 이루어져 있다. 이 노래들은 작은 모임에서뿐 아니라 수천 명이 모인 대성당이나 대강당에서도 부를 수 있다. 떼제 노래들은 전통적 성가들에 비해 역사가 그리 길지 않다. 떼제는 약 60년 전에 설립되었기 때문이다. 따라서 떼제 노래들은 계속 성장하고 있으며 기도 형태도 완결되지 않은 상태다.

떼제 수사들은 노래를 만들 때 교회의 많은 기도문, 시편, 성경구절, 청원 기도, 전례문을 기준으로 삼는다. 서유럽의 전통 교회 음악과 동방정교회의 성가들에서 영감을 받기도 한다. 특히 젊은이들의 관심을 끌 만한 가사가 담긴 노래들을 끊임없이 찾고 있다. 천

년도 더 된 글에서 나온 노래 가사도 많다. 아우구스티누스의 글을 가사로 삼은 노래가 그 예다. "내 마음의 빛이신 예수 그리스도여, 제 어둠이 제게 말을 건네지 못하게 하소서. 제가 당신의 사랑을 영접하도록 해 주소서." 어떤 노래는 믿음의 고백으로 꾸며져 있다. "저의 희망, 저의 기쁨, 저의 힘, 저의 빛, 저의 반석이신 그리스도여, 당신을 믿기에 저는 두려워하지 않습니다." 청원 기도도 있다. "저희의 어둔 밤에 영원히 꺼지지 않을 불을 밝혀 주소서." 이런 가사들은 어떻게 기도할지 모를 때 기도의 말을 찾아 기도할 수 있도록 도와준다.

예수회 신부며 프랑스 문예학자 조제프 젤리노는 떼제에서 제작한 시청각 자료 「떼제 노래 부르며 기도하기」에서 이렇게 말한다. "떼제는 일단 시작되어 한참 후에 끝나는 노래들을 재발견했는데 여기에는 커다란 장점이 하나 있습니다. 노래를 부르는 사람들의 마음에 비어 있는 공간이 생긴다는 점입니다. 역설적으로 들릴지 모르겠지만 노래를 부르는 동안에는 침묵할 때와 마찬가지로 비어 있는 공간이 생겨나고 바로 이 공간에서 영혼이 지닌 힘이 발휘됩니다. 특히 가사를 반복하며 노래할 때 이런 현상이 일어납니다. 이때는 이성이 개념들을 분석할 필요가 없으며 노래가 언제 끝나는지 물을 필요도 없기 때문입니다. 이때 우리는 기도의 아주 중요한 차원, 즉 무의식의 상태에 도달하게 된다고 생각합니다."

로제 수사는 "예배는 부활의 신성한 현존을 예감하게 하는 것이 중요하다. 특히 노래와 찬양의 아름다움이 이를 가능하게 해 준다"

라고 말하면서 바이올리니스트 예후디 메뉴인의 말을 인용했다. "말이 노래가 되어 불려지자마자 이 말은 영혼 깊숙한 곳까지 파고 들어간다. 교회에는 신비가 차지할 공간이 있어야 한다. 교회를 꺼려하는 현대 젊은이들이 교회에서 이 신비를 발견할 수 있다면 그들은 무리 지어 기꺼이 교회를 찾아올 것이라고 나는 굳게 믿는다."

　조용하고 꾸밈없이 소박하며 순수한 특징을 지닌 떼제 노래는 사람들의 마음에 와 닿는다. 음악적 요소와 반복되는 짧은 가사가 서로 내밀한 일치를 이룬다. 떼제 노래들은 로마 가톨릭의 묵주기도나 동방정교회의 예수 기도에서 빌려 온 아주 오래된 기도 방식을 되살리고 있다. 떼제에서만 이 노래들을 부를 수 있는 것은 아니다. 떼제에서 수많은 사람이 부르는 이 노래들은 집에서 몇몇 사람이 모여 작은 기도 모임을 할 때나 교회에서 큰 기도 모임을 할 때도 부르기에 아주 적당한 노래들이다. 기도 모임이나 예배에서 이 노래들을 부르고자 할 때 중요한 것은 이 노래들이 지닌 고유한 특성을 먼저 파악하는 일이다. 떼제에서 부를 때와 똑같이 이 노래들의 단순함을 해치지 않고 그대로 보존하는 일도 중요하다. 떼제 노래를 접할 때는 새로운 노래를 배워 익히는 데만 관심을 쏟을 것이 아니라 이 노래들이 장려하고자 하는 기도 방법과 기도 내용들에 마음을 열도록 해야 한다. 일주일에 한 번 떼제에서는 자기가 사는 곳에서 기도 모임이나 예배 시간에 떼제 노래를 부르고자 하는 사람들을 위한 모임이 있다. 이 모임에서는 기본적 지식뿐 아니라 떼제 노래들을 부를 때 유용한 실제적 지침을 배우는데, 이는 참가자들의 큰 관심을 불러일으키고 있다. 집에 돌아가면 일단 혼자 시작해야 하고 시작은 늘 쉽지 않기 때문에 이런 도움은 긴요하다. 어쨌든 수년 전부터 많은 교구와 지역 교회가 떼제 노래를 성가와 기도서에 채택하고 있다.

  마지막으로 한 가지 언급할 것이 있다. 떼제 모임에 참여하는 이들 가운데 세례 받지 않은 젊은이 수가 점점 늘고 있다는 사실이다. 떼제의 노래들은 아주 단순하기 때문에 일종의 다리 역할을 하고 있다. 다시 말해, 이 노래들은 서로 너무나 다른 젊은이들의 마음에 가닿고 있으며, 이제까지 교회에 아무 관심이 없던 젊은이들에게도 말을 건네고 있음이 분명히 드러나고 있다.

성령이여,
대립과 갈등이 있는 곳에
저희가 평화를 이루게 하소서.
다른 이들이 저희가 사는 것을 보고
하느님의 자비를 알아차리게 해 주소서.
저희가 사랑하도록 해 주시며
저희가 사랑한다는 것을 저희의 삶 전체로
말하게 하소서.

로제 수사

제4장
유럽 젊은이 모임

왜 젊은이 모임을?

레기네 쿤츠파이트, 볼프강 수사와 나눈 대화

떼제의 수사들은 매년 연말연시를 세계 각국의 젊은이들과 함께 보낸다. 수사들이 이런 삶을 처음부터 선택한 것은 아니다. 젊은이들이 그냥 떼제를 찾아왔다. 볼프강 수사는 이렇게 설명한다.

"젊은이들이 이곳으로 오기 시작하던 당시는 떼제의 수사들도 꽤 젊은 나이였습니다. 그래서 또래가 수사들을 찾아왔었지요. 그 후에는 젊은이들이 일정한 프로젝트를 실현하기 위해 왔습니다. 그 한 예가 '화해의 교회'를 짓도록 해 준 '화해의 표징 운동'이었지요. 이 시기가 지나자 점점 더 많은 사람이 그저 기도 시간에 참여하고 싶다는 이유로 떼제를 찾아왔습니다. 어떤 사람들은 수사들의 공동체 생활에 끌려 오기도 했어요.

1960년대까지만 해도 여기에 오는 젊은이는 그리 많지 않았습니다. 반면 방문객의 국적은 빠른 시간에 다양해졌어요. 우리는 이것이 무엇을 뜻하는지 알고 싶었습니다. 떼제에서 큰 젊은이 모임을 열겠다는 의도는 전혀 없었습니다. 몇몇 수사는 '매일 이토록 많은 사람에 둘러싸여 살아간다면 우리의 사명에 따라 살 수 있을까?' 하고 진지하게 물었습니다. 초기에는 방문객 숙소가 떼제 언덕의 다른 편에 있어서 기도 시간에 교회까지 오려면 꽤 먼 길을 걸어야 했어요. 방문객들에게 이런 무리한 요구를 계속할 수 없었습니다. 결국 떼제 마을 바로 옆에 대규모 캠프장을 만들기로 했습니다."

그것이 1968년 직전의 일이다. 1968년은 젊은이들과 관련하여, 수사들이 특별히 의도하지 않았지만 떼제에 결정적 변화가 일어난 해였다. 물론 수사들의 삶의 방식이 그 당시 젊은이들의 생각과 일치했기 때문이었다. 그 시기에는 아무도 이런 표현을 쓰지 않았지만 그때 이미 '착하고 어진 마음'과 관련되었음직한 그 무엇이 젊은이들의 마음을 끌었다.

볼프강 수사는 자신이 처음 떼제 언덕을 찾아왔던 때를 기억하면서 말을 이었다. "그 시기에 떼제에 온 젊은이들을 어떻게든 통제하려고 애쓰는 사람은 한 명도 없었어요. 찾아오는 젊은이들이 떼제에 걸맞는 사람이냐, 아니냐를 묻는 사람도 없었습니다. 떼제는 이곳을 찾아오는 사람들을 일단 모두 맞아들였습니다. 어떤 청년 잡지는 당시 「떼제, 교회와의 마지막 시도」라는 제목의 기사를 싣기도 했습니다. 적지 않은 젊은이도 정말 그런 생각을 하고 있었고요. 그들은 믿을 만한 무언가가 아직 교회에 남아 있는지 시험해 보고자 했습니다. 당시 젊은이들은 전통적인 것에는 무엇이든 호의적이지 않았던, 대단히 회의적이고 비판적인 세대였습니다. 떼제가 비교적 새로운 공동체였기 때문에 떼제에게 기회를 준 사람들도 있었을 겁니다. 떼제에서도 다른 곳과 마찬가지로 격렬한 논쟁이 벌어지곤 했습니다. 이 또한 로제 수사는 이해했고 그 시대 젊은이들과 계속 관계를 유지했습니다. 그의 일기에는 '오늘 젊은이들이 내게 너무나 까다로운 질문을 많이 던지는 바람에 젖 먹던 힘까지 다 썼다'라고 쓰여 있습니다."

로제 수사는 젊은이들이 정말 진지한 자세로 해답을 찾고 있는 것을 보고 늘 감동했다. 이 시기에 그가 쓴 일기를 보면 알 수 있다. 그는 젊은이들의 높은 기대와 교회와 사회를 위해 애쓰려는 마음 자세, 그들의 능력을 알아보았다. 사회가 젊은이들을 귀찮은 존재라고 단정하고 그들의 생각이나 의견을 물을 생각도 하지 않는 데 대한 젊은이들의 실망 역시 놓치지 않고 보았다. 젊은이들과의 이 창조적인 대결로부터 '젊은이들의 공의회'를 열자는 아이디어가 나왔다. 몇 년에 걸친 젊은이들의 체험과 생각들을 한데 모아 서로 교환하며 함께 세계 곳곳에서 발생하는 여러 문제를 해결하기 위해 구체적으로 온 힘을 기울이자는 제안이었다.

　이 제안의 길잡이는 로제 수사가 1970년 부활 대축일에 선포한 '기쁜 소식'이었다. "부활하신 그리스도는 인간의 가장 깊은 내면에서 잔치가 생겨나게 해 주십니다! 그분은 우리에게 교회의 봄을 가져오십니다. 그 교회는 어떤 권력도 쥐고 있지 않으며 모든 사람과 함께 나눌 마음의 준비를 갖추었습니다. 이런 교회는 전 인류를 위한 눈에 보이는 친교의 장소입니다. 그리스도는 우리에게 상상력과 용기를 충분히 주시어 화해의 길을 닦도록 해 주실 것입니다. 그분은 인간이 더 이상 인간의 희생 제물이 되지 않는 세상을 위해 우리 스스로 우리 삶을 온전히 바칠 수 있도록 해 주십니다." 로제 수사의 이 '기쁜 소식'은 첫 '젊은이들의 공의회' 개최 전 4년 동안의 준비 작업을 지탱하는 버팀목이 되었다. 당시 젊은이들의 생각과 기대의 핵심을 찌른 로제 수사의 선포를 많은 젊은이가 외우고 다녔다. 몇 년간의 준비 작업이 끝난 1974년 늦여름, 쉬지 않고 비가 내리던 어느 주말에 마침내 세계 곳곳에서 젊은이 약 4만 명이 떼제 언덕을 찾아왔다. 그들은 기도하고 대화하면서 자기들이 앞으로 가야 할 방향을 모색하고자 했다. 여러 교파의 성직자들도 참석해 이 젊은이 모임에 대한 그들의 긍정적 자세와 기대를 보여 주었다. 볼프강 수사는 그때를 이렇게 기억한다. "모임이 끝날 즈음에 참가자들의 신발은 진흙투성이가 되었습니다. 로제 수사님을 비롯한 모든 수사는 한 가지 중요한 사실을 배웠습니다. 이런 거대한 모임을 그냥 푸른 벌판 한가운데서 벌일 수는 없다는 것을 깨달은 것이지요. 떼제 아닌 다른 곳에서 '하느님 백성' 한가운데로 들어가야 한다는 사실도 분명해졌습니다. 그리하여 매해 연말연시에 열리는 '유럽 젊은이 모임'을 준비하게 되었고, 다른 대륙에서도 기회가 닿는 대로 모임을 열자는 아이디어가 나왔습니다."

이렇게 하여 시작된 순례 행렬이 30년 넘도록 지칠 줄 모르고 계속되었고 지금도 계속되고 있다. 순례의 목적지는 유럽의 여러 도시, 런던·로마·바르샤바·파리 등이었으며 독일의 여러 도시도 있었다. 매년 12월 31일을 전후해 닷새 동안 젊은이들은 모임이 열리는 도시의 대성당과 여러 교회, 큰 강당에서 기도한다. 그리스도인들, 자치 단체, 부당한 대우를 받는 사람들과 잊혀진 사람들을 위해 시에서 일하는 '선의의 사람들'과 만나고 있다.

이 '순례 행렬'은 1970년대 말부터 '이 세상 신뢰의 순례길'이라는 이름으로 불리고 있다. 이 이름은 떼제와 이 '순례 행렬'의 특징을 고스란히 드러내는 동시에 이 둘을 단단히 묶어 주고 있다. 이 젊은이 모임의 가장 큰 특징은 한곳에 정착하고 있음이 아니라 '길을 가고 있음'이라고 할 수 있다. 이와는 달리 '공의회'라는 이름은 그룹, 회의, 정기적인 행사처럼 한곳에 정착된 조직을 연상하게 한다. 따라서 '신뢰의 순례길'이라는 이름이 떼제가 추구하는 것을 훨씬 더 잘 드러내 준다고 수사들은 말한다. 해마다 새로운 사람들이 이 순례길을 맡아서 열고 있다. 그들은 떼제에서 열리는 젊은이 모임에 왔던 사람들로 여기서 믿음의 원천을 접한 사람들이다.

볼프강 수사는 이렇게 생각한다. "교회 안에서 틀에 박힌 일만 습관적으로 반복하는 위험에 빠지지 않기 위해 그리스도인들은 오래 전부터 어떤 특별한 장소를 찾곤 했습니다. 살던 곳을 떠나 원천을 찾아가는 것입니다. 떼제가 이 원천 가운데 하나입니다. 사람들은 여기에 와서 원천 깊은 곳으로 들어갑니다. 하지만 우리는 이것을 우리를 위해 이용한 적이 없습니다. 우리는 추종자를 원하지 않습니다. 우리는 사람들을 그들이 사는 곳으로 돌려보냈습니다. 젊은이들이 집에 돌아가서 그들이 속한 교회의 신부나 목사 혹은 지도자들과 아무런 양심의 가책 없이 대면할 수 있기를 바랍니다.

우리도 젊은이들과 함께 '순례자'가 되었습니다. 우리에게는 모든 지역 교회, 교회 공동체가 다 그리스도와 만날 수 있는 '순례지'입니다. 어느 성당에 들어가서든 조용히 그리스도를 만날 수 있습니다. 고통당하는 사람들, 그 고통을 덜어 주기 위해 애쓰는 사람들 가운데서도 그리스도를 만날 수 있습니다. 순례길을 가는 도중에

한 순례지에 머물기 위해 몇 개월 동안 준비하는 일은 이 순례지를 찾아오는 손님들에게나 이 손님들을 맞이하는 사람들에게나 간단하지 않습니다. 하지만 한 차례 젊은이 모임을 끝내고 빈손으로, 그러나 충만한 마음으로 떼제에 돌아올 때의 느낌은 말로 표현할 수 없습니다. 유럽은 더욱 구체적인 모습을 띠게 됩니다."

슈투트가르트 1996/97년

1997년 「떼제 편지」 제2호

화해를 위한 발걸음

  수많은 젊은이가 갑자기 들이닥친 강추위와 눈보라에도 아랑곳하지 않고 먼 길을 나섰다. 그들은 이틀 혹은 사흘 동안 불편하고 난방도 제대로 되지 않는 버스를 타고 먼 길을 달려야 했다. 동유럽과 서유럽 방방곡곡에서 젊은이들이 독일 바덴뷔르템베르크 주의 주도州都 슈투트가르트를 찾아왔다.

  그들이 슈투트가르트에 도착했을 때는 몹시 추웠다. 도시의 여러 교회와 민박을 제공하겠다고 나선 사람들의 따뜻한 환대에 참가자들은 몹시 기뻤다. 1996년 12월 28일부터 1997년 1월 1일까지 열린 제19차 '유럽 젊은이 모임'의 특별한 점은 만 명에 이르는 사람들이 젊은이들을 자기 집으로 맞아들였다는 사실이었다. 시에서 숙소로 쓰라고 제공한 학교는 거의 필요가 없었다. 유럽의 독일어권 나라에서 온 젊은이들 외에도 발트 해 연안국에서 4,000명, 루마니아에서 1,400명, 우크라이나에서 1,200명, 폴란드에서 18,000명이 모임에 참가했다. 모스크바에서만 버스 일곱 대가 참가자들을 데리고 왔다. 그 외에도 크로아티아, 세르비아, 러시아, 벨로루시, 그루지야, 몰다비아, 아르메니아, 보스니아헤르체고비나, 불가리아에서도 젊은이들이 이 모임을 위해 먼 길을 달려왔다. 서유럽뿐 아니라 다른 대륙의 많은 나라에서도 젊은이들이 모여들었다.

한 모임이 도시를 변화시키다

 같이 모여 기도하고 대화를 나누며 노래하는 젊은이들 덕분에 며칠 동안 슈투트가르트는 기쁨과 평화가 넘치는 도시로 변했다. 젊은이들은 시민들에게 깊은 인상을 남겼다. 오래전부터 이 도시에 살고 있는 폴란드 출신의 한 나이 든 부인이 말했다. "여기에는 아직도 '유럽 젊은이 모임'의 정신이 남아 있고 앞으로도 남아 있을 겁니다. 길거리에서 낯선 사람이 말을 걸어 젊은이 모임 때 겪은 일들을 이야기하곤 한답니다. 젊은이들을 자기 집에 맞아들인 사람들은 이 모임 때 겪은 체험이 자신들의 삶을 풍성하게 해 주었다고 말합니다. 집에 돌아간 젊은 손님들이 편지로 고맙다는 인사를 전했다는 이야기도 자주 들었어요. 독일 사람들은 젊은이 모임이 지닌 정치적 차원을 중요시하고 이를 강조합니다. 독일인이 겪은 전쟁과 그 전쟁의 결과는 오랫동안 기억에 남아 있습니다. 우리에게는 눈에 보이는 화해의 표징이 필요하며 편견을 극복하고 타인에게서 최선의 것을 볼 수 있는 기회가 필요합니다."

 킬레스베르크의 큰 박람회장 안 강당들에서 참가자들이 모여 여러 나라 언어로 진행되는 낮기도와 저녁기도를 올릴 수 있었다. 각 강당에는 떼제의 수사들이 기도와 대화 등 모든 행사에 같이했다. 저녁기도 시간에 로제 수사가 한 말은 20개 국어로 번역되었다. 오후에는 믿음의 원천을 더 깊게 하는 만남, 자기 나라 사람들 또는 다른 대륙에서 온 참가자들과의 만남이 이루어졌다. 각 나라 젊은이들은 사람들 사이의 유대를 깊게 하기 위해 자신들이 시작한 일들에 대해, 그들의 지역 교회에서 내면의 삶을 더 깊게 하기 위해 마련한 기회들에 대해 아주 구체적인 예를 들면서 이야기했다.

젊은이 모임의 하루는 젊은이들이 묵고 있는 교구의 교회와 성당 500여 곳에서 아침기도와 곧이어 열리는 그룹 대화로 시작되었다. 대화에서는 주로 로제 수사의 새 편지에 담긴 내용들이 다루어지는데 이는 '의심에서 벗어나 순수한 친교로 들어가기'였다. 그 외에도 삶과 밀접하게 복음의 말씀에 다가가기, 일상생활에서 우리가 만나는 물음들이 다루어졌다.

오전에는 많은 교회와 성당에서 '희망의 증인들'이 나와 도시나 마을에서 벌이는 활동에 대해 보고했다. 이 자리에서는 특히 노숙자, 실직자, 수감자, 병자, 노인, 어린이, 외국인을 위한 활동에 대한 보고가 있었다. 점심 식사와 낮기도를 하기 위해 킬레스베르크로 가는 길에서도 대화는 계속되었다. 전철역에서 내려 킬레스베르크 박람회장까지 30분을 걸어야 하는 참가자들도 있었다. 그런 곳에서는 적십자 같은 구호단체들이 나와 날마다 따뜻한 음료수를 나눠 주었다. 12월 31일 밤에는 교회와 성당 250곳에서 같은 시간에 세계 평화를 위한 기도회가 열렸다.

사랑하라, 그리고 너의 삶으로 말하라!

로제 수사는 젊은이들에게 "집으로 돌아가거든 여러 다른 장소에서 화해의 다양한 조치를 취하고 삼천 년대를 향해 나아가는 이 시기에 화해의 과감한 모험을 감행하십시오" 하고 당부했다. 아우구스티누스의 "사랑하라, 그리고 너의 삶으로 말하라!"라는 문장을 인용하면서 이를 실천하기 위해 길을 나서라고 젊은이들에게 호소했다. 영적 삶이 일상에서의 구체적인 실천과 따로 떨어지지 않는 일이 매우 시급하게 필요하다고 그는 힘주어 말했다.

박람회장에서 열린 공동기도에는 각 교파의 지도자들이 참석했다. 로텐부르크–슈투트가르트 교구장 발터 카스꺼 주교, 뷔르템베르크 루터교 지방 교회 감독 에버하르트 렌츠, 독일 개신교 연합회 회장 클라우스 엥겔하르트, 정교회에서는 부쿠레슈티 총주교구의 세라핌 주교, 콘스탄티노플 총주교구의 바실리오스 신부, 모스크바 총주교구의 청소년 사목 담당 발렌틴 차플린 신부가 참석했다.

극진한 환대

슈투트가르트 시민들의 환대는 한 해 전 폴란드 브로츠와프 시민들이 보여 준 친절에 그 어느 면에서도 결코 뒤지지 않았다. 여러 교파에 속한 교회들의 적극적인 도움이 없었더라면 상상도 못할 일이었다. 준비 모임에 동참한 성인들과 젊은이들의 헌신적인 노력은 기대 이상의 결실을 맺었다. 떼제 공동체에서 오랫동안 머무른 적이 있는 젊은이들도 이 준비 작업을 거들었다. 그중 한 사람인 마리트는 이렇게 이야기한다. "다른 사람들처럼 저도, 교회에서는 만날 수 없는 청소년들에게 '유럽 젊은이 모임'을 소개하기 위해 거의 날마다 한 학교씩 찾아갔어요. 어떤 학교에서는 내가 말을 꺼내자마자 비판적이고 공격적인 반응을 보이기도 했어요. 그러다가 갑자기

평소에는 거의 언급되지 않았을 일들에 대해 이야기하고 깊이 생각하게 되었어요. 그곳에 가서 애쓴 보람을 느꼈어요. 학생들은 '유럽 곳곳에서 온 그렇게 많은 청소년이 한자리에 모였을 때 왜 하필 기도를 하려고 하느냐? 성경이나 그리스도교적 배경 없이도 만날 수 있는 게 아닌가?'라는 질문을 자주 던졌습니다. 나는 학생들이 어떤 것에 설득당해서 마음이 내키지 않는 일을 해야 하는 건 아닌가 지레 겁을 먹고 있다고 느꼈습니다.

우리는 학교나 사회에서 한 사람이 이겨야 끝나는 토론 형태만 배웠습니다. 여러 학교에 가서 학생들과 대화하면서 우리가 이런 틀에 박힌 토론 형태를 함께 극복할 수 있다는 사실을 깨달았어요. 기도에 관심이 없어도, 기도할 줄 몰라도 젊은이 모임에 참석할 수 있다고 말하면 학생들은 그제서야 관심을 보였습니다. 무언가를 있는 그대로 둘 수 있다는 것, 무언가가 닫혀 있지 않고 열린 채로 있을 수 있다는 것이 청소년들에게는 익숙하지 않습니다. 어쨌든 귀가 솔깃해진 학생들은 서로의 말에 귀 기울였고 다른 사람이 자신의 의견을 끝까지 이야기할 수 있도록 기다렸습니다. 진정한 대화가 이루어진 것이지요. 교사들도 개인적인 의견을 내놓곤 했어요. 한 사람이 남의 말을 경청하면 이 태도는 곧 주위 사람들에게 옮겨 갑니다. 젊은이 모임에서도 이와 똑같은 현상이 일어났습니다."

'유럽 젊은이 모임'을 치르기 위해 여러 단체가 많은 수고를 한다. 모임이 열리기 이틀 전부터 유럽 전역에서 온 자원 봉사자들도 많은 일을 한다. 슈투트가르트 모임에는 자원 봉사자 약 4,000명이 박람회장 안팎에서 중요한 일을 맡았다. 대중교통도 이런 큰 모임을 치를 때 중요한 문제다. 그 많은 참가자를 단시간에 박람회장으로 이동시키는 일은 거의 불가능한 일이었다. 많은 사람이 겨울 휴가를 미루고 기차, 지하철, 버스가 차질 없이 운행되도록 했다. 한 버스 운전기사는 이렇게 말한다. "'유럽 젊은이 모임'이 열리는 동안 특별 운행을 맡아 달라는 요청을 받았습니다. 모임이 끝나는 날 젊은이들을 슈투트가르트 중앙역으로 태워 주는 일을 맡았지요. 참가자들을 역에 데려다 주었을 때 참 감동적인 장면을 목격했습니다. 며칠 동안 젊은이들을 자기 집에서 돌본 몇몇 시민이 손님들을 떠나보내기가 아쉬워서 어쩔 줄 모르더라고요. 젊은이들이 떠난 후 우리는 이 젊은이 모임이 우리에게 많은 선물을 안겨 주었다는 사실을 깨달았습니다. 우리가 손님들에게 무한한 친절을 베풀 수 있는 사람들이라는 걸 알게 된 것만으로도 얼마나 고마운 일인지 모릅니다. 우리는 우리의 집 문과 마음 문을 활짝 열 수 있었습니다. 그리스도인으로서 길을 나선 젊은이들, 예수님을 찾으며 하느님에 대해 묻기 시작한 이 젊은이들과 함께할 수 있었던 시간은 소중했습니다. 버스를 운전하며 젊은이들에게 말했어요. '여러분, 여기에 와 줘서 고맙습니다. 여기에 와서 기도해 줘서 정말 고맙습니다.'"

오랫동안 남을 효력

　유럽 모임은 많은 사람에게 오랫동안 그 효력을 발휘할 것이다. 젊은이 모임이 끝난 후 1997년 1월 어느 날, 이 모임을 되돌아보면서 서로의 의견을 주고받기 위해 모인 자리에서 한 교회의 목사는 이렇게 이야기했다. "젊은이 모임이 열리기 전에 우리 교회 신자들은 이 모임에 대해 특별하게 기뻐하지는 않았습니다. 그런데 젊은이들의 열정이 불꽃 튀듯 우리 신자들에게 옮겨 가는 것을 보고 너무도 기뻤습니다. '유럽 젊은이 모임'은 가톨릭과 개신교 신자들을 정말 제대로 섞어 주었습니다. 모임이 계속되는 동안에는 보통 때처럼 서로 분리되어 전형적인 가톨릭식이라거나 전형적인 개신교식이라는 게 없었어요. 서로 다른 문화에서 온 사람들이 함께 모이는 곳에서 생겨나기 마련인 이 초교파적 '바이러스'는 설명하기 힘든 것입니다. 그런데 신자들이 자기 교회에서 바로 이 바이러스를 직접 보고 느꼈으니 참으로 다행스러운 일입니다.

슈투트가르트에는 20개국 이상에서 온 사람들이 모여 살고 있습니다. 이것이 구체적으로 무엇을 뜻하는지 한번 생각해 볼 수 있지 않을까요? '유럽 젊은이 모임'은 이 점에서 우리에게 커다란 자극을 주었습니다. 준비 작업을 하러 떼제에서 오신 분들은 무엇보다도 젊은이들이 준비 작업을 주도하기를 원한다고 말했습니다. 그분들이 이 점을 강조한 것이 기뻤습니다. 우리 교회에서도 젊은이 몇 명이 준비 작업에 참여했습니다. 젊은이들이 이 모임을 주도한다는 사실은 우리 교회에게 아주 중요한 경험이었습니다. 그 외에도 우리는 이 모임에서 진리는 분명 아름다운 것임을, 진리와 아름다움은 대극에 있는 것이 아니라 같이 가는 것임을 깨달았습니다. 침묵과 묵상에서도 바로 이 점을 더 많이 주목해야 한다고 봅니다."

아주 오래된 이야기

슈투트가르트와 근교에 사는 사람들이 젊은이 모임 참가자들을 극진하고 친절하게 맞이한 데는 여러 이유가 있을 것이다. 아주 오래전에 시작된 떼제와의 만남도 그 이유 중 하나일 것이다. 1940년, 로제 수사는 떼제에 혼자 살고 있었다. 그때 그는 독일군 점령 지역에서 도망 나온 피난민, 특히 유대인들을 받아들였다. 몇 년 후, 전쟁이 끝나자 떼제에서 그리 멀지 않은 곳에 독일인 전쟁 포로 수용소 두 곳이 세워졌다. 로제 수사와 동료 수사들은 전쟁 포로 몇 명을 기도와 식사에 초대했다.

이 전쟁 포로 가운데 한 사람이 지금 슈투트가르트에 살고 있다. 그는 이렇게 이야기한다. "전쟁이 끝난 1945년 겨울, 성탄 대축일이었습니다. 우리가 수용되어 있던 건물은 숲 속 한가운데 있었어요. 떼제에서 그리 멀지 않았을 겁니다. 걸어서 갈 수 있는 거리였으니까요. 우리는 숲 속에서 키 작은 나무를 베는 일을 했습니다. 그런데 성탄 대축일 전에 떼제에서 수사님 한 분이 찾아와 성탄 대축일에 교회에 오지 않겠느냐고 물었습니다. 자기들이 사는 집으로 초대하고 싶다는 거였어요. 성탄 대축일 예배를 마치고 돌아가려는데 다른 문이 열리더니 누군가가 '이리 들어와서 함께 자리해 주시겠습니까?' 하고 말했습니다. 식탁에는 커피와 케이크가 차려져 있었고 각 접시 옆에는 자그마한 선물도 놓여 있었습니다. 우린 정말 놀랐어요. 이런 대접을 받으리라곤 상상도 못했죠. 사람 구경도 못하는 깊은 숲 속에서 생활하다 보면 그런 식탁에 초대받는 일이 마음 깊숙한 곳을 크게 흔들어 놓기 마련이지요. 그 후 우리는 주일마다 교회를 찾아갔습니다. 다른 수용소에 있던 전쟁 포로들도 거기서 만났어요. 그 사람들도 성탄 대축일 때 떼제 수사들의 초대를 받았다는 말을 들었습니다. 50년도 더 된 이 체험 때문에 우리는 슈투트가르트에서 열린 '유럽 젊은이 모임' 때 젊은 사람들을 손님으로 기꺼이 맞아들였지요. 이번에는 우리가 손님들에게 친절을 베풀 차례인 거지요."

전쟁 포로
우르술라 자틀러 목사

    떼제를 찾아간 지 3년이 넘으니 떼제가 우리 마음을 다시 잡아당겼다. 이번에는 우리 교회 신자 몇 명이 그룹을 지어 성령 강림 대축일 후 떼제 언덕을 찾아가 일주일을 그곳에서 보내고 왔다.

    떼제로 떠나기 며칠 전 나는 병원에 입원해 있던 우리 교회 여신자 한 분을 찾아갔다. 이런저런 이야기를 나누다가 곧 떼제를 방문할 것이라고 이야기했다. 그러자 여신자는 제2차 세계대전이 끝난 후 만난 독일군 이야기를 꺼냈다. 그는 프랑스에서 전쟁 포로로 잡혀 있다가 풀려나 보이텔스바흐를 거쳐 고향으로 돌아가는 길이었다. 여신자가 군인에게 프랑스에서 얼마나 고생이 많았느냐고 하자 군인은 "프랑스에서 참사람 한 분을 만났습니다" 하고 대답했다고 한다. 그는 이루 말할 수 없는 비극과 고통을 초래한 전쟁 직후 적국 한가운데서 로제 수사의 환대를 받은 일에 대해 이야기해 주었다. 그 이야기를 하면서 군인과 여신자는 함께 울었다고 한다. 그러고는 그와 전우들은 매년 한 번씩 로제 수사를 찾아가기로 다짐했다고 말했다. 병원에 입원해 있던 여신자를 찾아가 우연히 들은 이 이야기에 우리는 매우 감동받았다. 로제 수사가 독일군 포로들을 맞아들였다는 사실을 이미 알고 있었지만 이 이야기를 듣고 나니 떼제가 전혀 다른 모습으로 우리가 사는 보이텔스바흐에 와 있다는 느낌이 들었다.

웁살라 2000/01년

2001년 「떼제 편지」 제2호

이 세상 신뢰의 순례길

2000년 11월 2일부터 사흘간 열린 젊은이 모임에는 스칸디나비아 반도의 나라들뿐 아니라 핀란드, 에스토니아, 라트비아, 러시아에서 온 젊은이들이 스웨덴 웁살라에 모였다. 모임이 끝나고 3개월 후에 웁살라 젊은이들은 이 모임을 되돌아보는 시간을 가졌다. "모임을 준비할 때 이런 경험은 전에도 한 적이 없었고 앞으로도 할 수 없을 거라고 생각했습니다. 다른 이들과 함께 일하고 협력하는 일이 그때처럼 즐겁고 쉬운 적이 없었어요. 그러나 모임이 끝난 지금 사람들이 함께 모여 일하는 것이 젊은이 모임 때처럼 즐겁고 쉬울 수 있다는 사실을 알게 되었습니다. 웁살라의 대성당을 모임이 열리던 때처럼 꽉 채울 수는 없지만 그냥 우리가 사는 곳에서 모여 함께 기도할 수 있지요. 우리는 전자우편으로 계속 연락을 하고 있고 여러 다른 교회 공동체에 속한 젊은이들이 한 달에 한 번씩 돌아가며 한 교회에 모여 공동기도를 올리자는 결정을 내렸습니다. 우리는 서로 다른 전통과 조직에 속한 젊은이들이지만 기도는 전통이나 조직과 경쟁하거나 대립하지 않습니다. 우리가 올리는 공동기도는 뭔가 다른 것이며 우리가 필요로 하는 것입니다."

한 청소년 그룹을 맡고 있던 시청 청소년 담당자는 이렇게 말한다. "웁살라 젊은이 모임의 준비 작업은 신뢰와 화해를 바탕으로 진행되었습니다. 많은 청소년이 참여한 덕분에 모임이 열릴 수 있었고, 여러 교파의 기관과 단체의 대표자들이 아무런 갈등 없이 서로 협력하여 일한 덕분이기도 합니다.

우리 모임의 초점은 신앙과 연대감, 일상생활에서 기도와 다른 사람을 위한 적극적인 사회참여를 어떻게 하면 하나로 묶을 수 있는가였습니다. 우리는 청소년들이 책임을 맡아 하는 여러 활동이 어떻게 하면 모든 사람을 위해 열려 있도록 할 수 있는가에 대해서도 생각을 모았습니다. 한 예로 우리는 청소년들의 기도 모임이 늘 똑같은 그룹에서만 열리지 않도록 하고 있습니다. 청소년들은 자기들이 사는 도시에서 이제까지 알려지지 않았던, 남을 위해 헌신하는 사람들을 만나게 되었습니다. 이 사실은 우리에게 용기를 줍니다. 청소년이 중심이 되어 주요 역할을 하는 교회 행사는 아주 드뭅니다. 웁살라의 모임은 그런 드문 행사 중 하나였습니다. 멀리서 교회를 관찰하는 사람들에게 이 모임은 깊은 인상을 주었습니다."

함부르크 2003년

2003년 「떼제 편지」 제2호

선물로 받아들여져야 할 일들

'유럽 젊은이 모임'이 함부르크에서 열린다는 소식을 듣고 많은 독일 젊은이가 기뻐했다. 함부르크에 사는 한 젊은이는 지하철에 설치된 비디오 화면에 유럽 젊은이 모임'이 예고되는 걸 보고 놀랐다면서 말했다. "너무 기쁩니다. 정말 반가운 부활 대축일 소식입니다. 모임을 준비하는 작업에 나도 도울 생각입니다." 부활 대축일 때 작센 주에서 떼제를 찾아온 몇몇 젊은이는 함부르크에 가 본 적이 있다면서 말했다. "함부르크 하면 큰 항구가 먼저 떠오릅니다. 함부르크는 전 세계를 향해 열려 있는 도시인 셈이지요. 이 도시는 경제적으로나 문화적으로 좋은 여건을 갖추고 있다고 생각합니다. 함부르크의 오랜 전통, 그곳의 아름다운 교회들을 좋아합니다. 또 함부르크에는 극명하게 대조되는 것들이 한데 섞여 있는 것 같아요. 그래서 이 도시 사람들이 다른 도시 사람들보다 더 개방적인 것이 아닌가 합니다."

가톨릭과 개신교 두 교파와 시가 공동으로 '유럽 젊은이 모임' 개최를 발표한 것은 이번이 처음이다. 루터교 지방 교회 감독과 가톨릭 대주교, 함부르크 시장은 언론에 보낸 공동 서한에서 이렇게 쓰고 있다. "우리 도시에서 이 큰 젊은이 모임을 치르게 된 것을 매우 기쁘게 생각합니다. 모든 차이를 넘어 젊은이들이 여기에서 믿음의 잔치를 열고자 합니다. 바로 이 믿음이 이 젊은이들과 우리를 묶어 줍니다. 이 젊은이들은 인류의 미래에 시급한 문제를 던집니다. 그들은 일상생활에서 정의와 평화의 작은 발걸음을 내딛으려 합니다. '유럽 젊은이 모임'은 분열된 세상에서 희망과 용기를 주는 표징입니다. 함부르크 시민 여러분, 이 모임이 열리려면 아직 멀었지만 전 유럽에서 찾아오는 젊은이들을 반갑게 맞아 주시기 바랍니다. 그들과의 만남을 위해 마음의 문을 활짝 열고 기다려 주십시오."

젊은이들을 손님으로 맞이하고 싶다는 시민이 많았다. 마리아 예프센 루터교 지방 교회 감독은 이렇게 말한다. "전 세계 젊은이들이 예수 그리스도의 이름으로 우리 도시에 모이면 오는 젊은이들 사이에서 민족 간 이해와 일치에 이바지하는 강력한 힘이 될 것입니다. 떼제는 영적 삶의 새로운 방향을 제시하고, 세계의 젊은이들이 이 영적 삶을 향해 길을 나서고 있습니다. 우리 도시에서 열릴 젊은이 모임은 우리 역시 이 길을 나설 수 있도록 해 줄 것입니다. 함부르크는 손님들을 환대하는 훌륭한 주인이 될 것이며 좋은 환경을 제공할 것입니다. 선물로 받아들여야 할 감명 깊은 체험입니다. 이 젊은이 모임을 위해 우리는 기쁨과 열정으로 준비하려고 합니다."

4,000명이 넘는 독일 젊은이들이 부활 대축일을 떼제에서 보냈다. 독일 모든 주의 젊은이들은 함부르크에서 열릴 젊은이 모임에 자기들도 책임감을 느끼며 함부르크와 근교에 사는 시민들과 함께 전 유럽에서 오는 젊은 손님들을 친절하게 맞이하고 돌보는 데 거들고 싶어 한다. "함부르크 사람들은 차갑고 가까이하기 어려운 사

람들이라는 평을 자주 받곤 합니다. 함부르크 사람들은 쉽게 자기 마음을 터놓는 편이 아닌 건 분명합니다. 그러나 그들은 전 유럽에서 오는 젊은이들에게 마음의 문을 열 것입니다. 함부르크는 동유럽, 서유럽, 북유럽, 중부 유럽 한가운데 있습니다. 이 도시는 아주 오래전부터 스칸디나비아 반도의 나라들과 발트 해 연안국과 친밀한 관계를 유지하고 있습니다. 여러 교회에서 도움을 줄 것입니다. 젊은이 모임이 성공리에 끝날 수 있도록 도우려고 합니다. 통역을 맡거나 같이 노래하고 그룹 간 대화가 열릴 때 돕고 싶습니다."

부활 대축일에 함부르크와 근교에서 떼제를 찾아온 젊은이들은 떼제에 대해 전혀 모르며 정기적으로 교회에 다니지 않는 친구들에게도 '유럽 젊은이 모임'에 대해 이야기하겠다고 말했다. 그중 한 젊은이의 말이다. "교회를 모르는 친구들에게도 '유럽 젊은이 모임'에 대해 이야기할 생각입니다. 전 유럽에서 수많은 젊은이가 함부르크에 온다면 우리끼리도 더 가까워지는 좋은 기회가 될 것입니다. 교회에 나가지 않는 친구들도 존경과 신뢰를 바탕으로 세워진 공동체가 얼마나 아름다운가를 체험할 수 있을 겁니다." 안드레아스는 이렇게 말한다. "우리 도시가 가진 소중한 재산 중 하나는 바로 수많은 사회운동 단체입니다. 항구도시인 함부르크는 노동자 도시였습니다. 그리스도인들 사이에서 부당한 대우를 받는 사람들과의 연대가 일찍이 생겨났습니다. 많은 세월이 흐른 지금까지도 이 연대는 계속되고 있습니다. 이 사회운동 단체들을 소개하고 그들과 서로의 경험에 대해 대화하는 일은 '유럽 젊은이 모임'의 중요한 부분이 될 것입니다." 베르너 티센 대주교도 이 관점이 매우 중요하다고 생각한다. "유럽 젊은이들을 묶어 주는 신앙의 잔치를 여기서 벌이고자 합니다. 이 젊은이들은 인류의 미래가 당면한 시급한 문제들을 외면하지 않고 해결책을 찾아 나섰습니다. 그들은 일상생활에서 정의와 평화의 작은 발걸음을 내딛으려 합니다." '유럽 젊은이 모임'은 그에게 '분열된 세상에 희망과 용기를 주는 표징'이다. 함부르크와 그 근교에서 사회를 위해 온 힘을 기울이는 사람들이 이러한 표징을 많이 세우고 있다. 유럽 각국에서 온 젊은이들은 젊은이 모임이 열리는 동안 매일 오전에 이들이 맡고 있는 사회운동 단체들과 만나게 될 것이다.

젊은이 모임 준비 작업은 5월에 함부르크와 근교에서 첫 모임을 갖는다. 어디서든 '이 세상 신뢰의 순례길'의 새 기지가 될 함부르크 젊은이 모임에 대해 많은 사람이 기뻐하고 있다. 함부르크 근교의 한 교회에서 청소년 관련 일을 하고 있는 클라우스가 얼마 전 편지를 보냈다. "우리는 이미 길을 나섰습니다. 연말에는 젊은이 수만 명을 이 길에서 만나게 될 것입니다. 그들은 관광하기 위해서가 아니라 희망의 새 원천을 발견하기 위해 이곳에 옵니다. 우리는 독일의 모든 젊은이가 우리와 함께 주인이 되어 손님들을 맞아 주리라 기대하고 있습니다. 중요한 것은 젊은이 모임이 이곳의 모든 세대, 모든 교파의 관심사라는 점입니다. 예프센 지방 교회 감독님은 우리에게 늘 열정을 가지라고 말씀하시지요. 젊은이 모임은 바로 이 열정으로 우리를 가득 채울 것입니다."

자비가 가득하신 하느님,
저희는 복음을 통해
당신께서 저희를
우리 내면의 가장 깊은 고독에 이르기까지
사랑하신다는 사실을
어렴풋이나마
짐작할 수 있게 되었습니다.
신뢰에 가득 찬 마음으로
당신께 온전히 자신을 바치는 사람은
행복합니다.

로제 수사

제5장
한 세기와 함께한 삶

로제 수사, 자신의 삶을 말하다

로제 수사는 90세가 되었다. 그는 자기 생애의 이런저런 일화들을 다른 사람들에게 즐겨 이야기해 주었다. 이야기를 할 때 자신을 특별히 내세우려는 의도는 전혀 보이지 않았다. 스위스 쥐라 산맥 근처에서 보낸 유년기와 청소년기, 몹시 힘들었던 떼제 초창기, 말년의 중요한 만남들, 그에게는 마음에 새길 만한 이야깃거리가 많았다. 그는 소소한 일들도 삶의 결정적인 사건과 마찬가지로 뚜렷이 기억했다. 언뜻 중요해 보이지 않은 이야기들이 본질적인 것과 결합해 여러 빛깔을 띠었다. 로제 수사가 겪은 여러 체험에 귀 기울이면 그의 인격과 따뜻함을 느낄 수 있었다. 그의 독특한 목소리는 이 인격과 따뜻함을 고스란히 담고 있었다. 그의 이야기를 들어 보자.

하느님께서는 인간의 마음에 작은 은사를 하나 주십니다. 바로 노래하고 찬양하는 능력입니다. 우리 어머니에게도 이 은사를 주셨지요. 수를 누리시고 떠나시던 날 어머니는 "삶은 아름답다. 하느님은 선하신 분이다" 하고 말씀하셨습니다. 어머니는 이 짧은 말에 모든 것을 다 담으셨어요. 한번은 심근경색으로 고생하시다가 회복하신 후 이런 말씀을 하셨습니다. "난 죽는 게 두렵지 않다. 내가 어떤 분을 믿는지 잘 알고 있으니까." 잠시 침묵하신 후 덧붙이셨어요. "하지만 나는 삶을 사랑한다." 나는 이 말씀을 매일 나 자신의 말로 만들어 살고 싶습니다. "나는 삶을 사랑한다. 삶은 선물이다."

나는 막내입니다. 누나와 형이 일곱이지요. 그들은 늘 어울려 놀았어요. 내가 어쩌다 한마디 하면 누나와 형들은 놀다가 잠깐 멈추고는 웃었습니다. "로제가 한마디 할 때도 있구나" 하고 말했지요. 그러고는 하던 놀이를 계속했습니다. 그들은 나를 진지하게 대했지만 필요 이상으로 그러지는 않았어요.

우리 부모님도 형제자매가 많았습니다. 그분들은 우리 집에 자주 놀러 오셨어요. 그런데 이상하게도 자식을 둔 분은 없었어요. 나는 외삼촌들과 이모들을 조금 무서워했던 것 같아요. 어머니의 친정 식구들은 어머니가 그렇게 많은 아이를 낳아 기르느라 고생이 심하다며 늘 동정하곤 했습니다. 그분들이 하는 말을 다 알아듣지는 못했지만 그분들은 나를 포함한 나중에 태어난 아이들은 낳지 말았어야 할 아이들이라고 생각하는 것 같았습니다. 그분들은 내게 얌전하게 말 잘 들어야 한다고 말하곤 했어요. 나는 될 수 있는 대로 얌전하려고 애썼지요. 나는 말이 적은 조용한 아이였어요. 그리고 절대 울면 안 되었습니다. 다들 "사내아이는 우는 게 아니야!"라고 말했기 때문이지요.

내 어린 시절에 밝은 마음을 선사해 준 사람은 이탈리아 출신의 한 아주머니였습니다. 그분은 부엌일과 나를 돌보는 일을 맡았어요. 다정다감하고 마음이 따뜻한 아주머니는 내 말에 귀를 기울여 주었어요. 우리 부모님은 아주머니에게, 사내아이니까 나를 찬물로 씻기라고 했어요. 겨울이 되면 나는 그게 못 견디게 싫었죠. 그게 너무 무리한 처사라는 걸 알고 있던 아주머니는 아침마다 "물이 아주 차갑긴 하지만 내가 빨리 씻겨 줄게" 하고 말했어요. 아주머니는 내 마음속에 큰 자리를 차지하게 되었습니다.

어머니는 밝고 걱정이 없는 분이셨어요. 생각은 늘 분명하고, 성격은 평화로우셨지요. 어머니는 "불같이 화내고, 소리 지르고, 눈에 띄는 행동을 하는 사람을 보면 미쳤다고 생각할 수밖에 없어" 하고 말씀하셨습니다. 우리 집에서는 큰소리가 나는 법이 없었어요. 어머니의 친정에서도 그런 일은 없었답니다. 어쩌다 외할아버지가 외삼촌을 야단치시면 그게 어머니 마음을 몹시 불편하게 했다고 해요. 그때마다 어머니는 "왜 그러세요?"라고 물었답니다.

큰소리치는 대신 대화를 원하는 어머니를 둔 나는 참 행운아였지요. 어느 날 외할머니께서 우리 집에 오신다는 소식을 들었습니다. 그때까지 외할머니에 대한 말만 들었지 직접 만나 뵌 적이 없었어요. 제1차 세계대전이 한창이던 때였습니다. 그분은 전쟁이 벌어지고 있던 지역에 살고 계셨어요. 우린 초조한 마음으로 외할머니를 기다렸습니다. 외할머니는 자동차를 타고 저녁 늦게 쥐라 산맥 근처의 우리 마을에 도착하셨습니다. 당시 자동차는 아주 드물었지요. 나는 안 자고 깨어 있어도 된다는 허락을 받았어요. 외할머니는 자동차에서 내려 우리 집 작은 거실로 들어오셔서 우리 중 두세 명을 안아 주셨어요. 그러고는 쓰러지셨습니다. 할머니 짐 꾸러미에서 빨간 담요를 꺼내 덮어 드리고 방으로 모셨습니다.

외할머니는 내 삶에 큰 영향을 끼쳤습니다. 아버지가 "외할머니는 가난한 사람들을 위해 자기 목숨을 거신 분이야" 하고 말씀하신

적이 있습니다. 외할머니는 폭격이 계속되던 때 자기 집에 피난민들을 들였습니다. 그분의 세 아들은 전선에서 프랑스를 위해 싸우고 있었지요. 어느 날 프랑스군 장교들이 외할머니께 와서 마지막 기차를 타고 도망가라고 말해 주었답니다. 그분은 고향 파리에 도착했어요. 그러나 그분 거처 가까운 곳에 독일군의 가장 육중한 대포였던 '베르타 포'가 포격했습니다. 손녀와 피난 중이던 외할머니는 완전히 지쳐 있었어요. 그래서 파리를 빠져나와 우리 집으로 피난을 오신 거였습니다. 외할머니는 자주 말씀하셨습니다. "내가 겪은 일이 다시는 일어나선 안 된다." "어느 누구도 내가 겪어야 했던 것 이상을 겪어선 안 된다." "무슨 일이 있더라도 평화가 이루어져야 한다." 우리도 떼제에서 이런 말을 자주 하지요. 외할머니는 종교개혁 때부터 대대로 개신교인 집안에서 태어난 분이었습니다. 그런데 그런 분이 가톨릭 교회에 가셨습니다. 화해를 이루기 위해서였지요. 강한 여성이었던 그분은 가족 전통을 뛰어넘는 힘차고 용감한 표징을 세우고자 하셨습니다. 이렇게 행동하시면서 그분이 이루고자 하신 유일한 목표는 '평화'였습니다. 우리 부모님을 비롯한 모든 가족이 다 외할머니를 우러러 보았습니다. "외할머니는 성녀시다!"라고 하는 말을 자주 들었습니다.

청소년 시절, 나는 믿음을 삶의 출발점으로 삼고 성실하게 살아가며 삶의 신비를 진지하게 받아들이는 사람들에 둘러싸여 살고 있다는 사실을 분명하게 깨닫게 되었습니다. 그렇지만 나는 기도를 할 수 없었어요. 어렸을 때의 순진한 믿음의 시기가 지나고 일종의 공허가 생겨난 거지요. 어느 날 한 누나가 세상을 떠났습니다. 나는 그 누나를 몹시 좋아했어요. 누나가 죽은 후 시편 한 구절이 마음속에 떠올랐습니다. "주님, 제가 큰 소리로 부르짖습니다. 자비를 베푸시어 제게 응답하소서. '너희는 내 얼굴을 찾아라' 하신 당신을 제가 생각합니다. 주님, 제가 당신 얼굴을 찾고 있습니다"(27,7-8). 이 기도는 당시 내 마음을 잘 반영한 기도였지요. 내가 보지 못하고 알지 못하던, 그러나 이 기도로 부를 수 있었던 하느님 앞에 내 마음을 바쳤습니다. 나는 오랫동안 이 구절로 기도했습니다. 그러면서 비로소 아무 주저 없이 이 구절을 말하고 다시 기도할 수 있게 되었습니다. "그리스도여, 저희는 마음 저 깊은 곳에서 당신의 신뢰로부터 살고 싶습니다. 그리하여 모든 재앙의 근원이 말라 버리도록 말입니다. 예수 그리스도여, 우리가 아무리 주저한다 해도 당신은 하느님의 작은 분으로서 항상 계십니다. 부활하신 분으로서도 우리 곁에 계십니다. 당신은 인간에게 '내 현존에 너를 온전히 바쳐라! 그렇게 하기 위해서는 아주 작은 믿음으로도 충분하다는 것을 잊지 말라' 하고 거듭 말씀하십니다."

떼제를 향해 떠나기 전, 여기서 삶을 시작하기 전에 이미 나는 공동체 생활이 퍽 낭만적인 방향으로 나아갈 수도 있다는 사실을 알고 있었습니다. 당시 개신교에서 이런 의도로 시도한 여러 공동체 삶이 무엇보다 옛것을 다시 부활시키자는 주의로 성립되고 있다는 사실도 잘 알고 있었습니다. 나는 전혀 그렇게 의도하지 않았습니다! 나는 그리스도교의 맨 처음 시기로, 이상이 높았으며 이 이상을 실현할 능력 또한 있었던 초기 그리스도인들의 공동체로 되돌아가고자 했습니다. 전통을 약간 고쳐서 다시 쓰는 일은 절대 하고 싶지 않았습니다. 그래서 전혀 다른 길을 가는 것이 낫겠다는 생각을 했습니다. 오래전부터 나는 '멀리 앞서 가다'라는 말을 좋아했습니다. 위험을 무릅쓰고라도 다른 사람들을 먼 데까지 인도하는 길을 발견하고 싶었습니다. 즉, 복음을 출발점으로 삼고 살며 그리스도로부터, 그리고 다른 이들을 위해 사는 삶입니다. 이 내면의 부름을 나는 여러 번 듣고 또 느꼈습니다.

수도 공동체에서 수도생활을 하겠다는 마음이 일어나기 전에 나는 작가가 되면 어떨까 생각했어요. 나는 단편소설을 하나 썼습니다. 파리에 갈 기회가 있어서 원고를 들고 「누벨 레뷔 프랑세즈」*Nouvelle Revue Française* 잡지사에 갔습니다. 편집자 장 폴롱 씨가 반갑게 맞아 주더군요. 나는 오랫동안 그의 답변을 기다렸습니다. 두 달 후에 편지 한 통과 원고가 되돌아왔어요. 편지에는 소설 결말을 고쳐써 보라는 말이 들어 있었습니다. 나는 '결말을 고치라고? 그럴 수는 없지. 이건 글 쓰는 일을 그만두라는 분명한 표시야. 많은 일을 겪으면서 발견한 내 마음속의 부름이 하느님에게서 오는 부름이라는 뜻이다'라고 생각했어요. 1940년, 히틀러의 근대가 벨기에와 프랑스를 침공했다는 소식을 듣고 나는 스위스 쥐라 산맥에 있는 고향으로 돌아가 생각에 생각을 거듭했습니다. 그런데 갑자기 내가 나에게 이런 말을 하고 있었습니다. "때가 되었다. 생각은 충분하다. 당장 프랑스로 가라. 거기서 평생 동안 다른 사람들과 친교를 이루며 살 집이 필요하다." 나는 자전거를 타고 길을 떠났습니다. 한번은 론 강을 지나는 다리 앞에 서게 되었습니다. 나는 자전거를 짊어지고 심하게 흔들리는 다리 위를 조심스럽게 건너가야 했습니다. 그러한 험난한 길을 헤쳐 드디어 떼제에 도착했습니다.

나는 클뤼니를 살펴볼 생각이었어요. 클뤼니는 내가 신학 공부를 할 때 들은 이름이어서 낯설지 않았습니다. 사람들이 클뤼니는 폐허가 된 집 몇 채밖에 없는 황량하기 짝이 없는 곳이라고 했는데 와서 보니 그렇지 않았어요. 1940년에 내가 본 클뤼니는 아담한 도시였고 공증인도 있었습니다. 이 공증인이 클뤼니 가까운 곳에 빈 집이 한 채 있다고 말해 주었습니다. 떼제에 있는 그 집을 찾아갔더니 문은 잠겨 있었습니다. 몇 년 전부터 비어 있던 집이었어요. 작은 마을 떼제에는 40여 명이 살고 있었고 그중 한 사람이 빈 집 열쇠를 가지고 있었습니다. 나는 어떤 할머니에게 마을에 식당이 있냐고 물었어요. 그러자 그분이 "식당은 없어요. 식당 찾을 생각하지 말고 우리 집에 와서 식사하세요"라고 하셨습니다. 나는 할머니와 그분 딸과 함께 식사를 했습니다. 식사 중에 할머니가 말했습니다. "우리 집에서 사세요. 이곳 겨울 날씨는 아주 혹독하답니다. 그렇지 않아도 우리 둘만 사니까 너무 적적하고 외로웠는데 잘됐어요."

당시 그곳에는 상수도 시설도 전화와 포장도로도 없었습니다. 걷기 힘든 울퉁불퉁한 길이 하나 있을 뿐이었죠. 나는 잘 생각해서 결정할 때라는 걸 분명히 알고 있었습니다. 제네바에서 떼제까지 오는 길에 내 계획을 실현하기에 적당한 집을 두 채 봐 두었습니다.

그 두 집이 모든 면에서 떼제에 있는 집보다 훨씬 더 마음에 들었습니다. 하지만 할머니의 말이 내 마음 깊숙한 곳에 와 닿았어요. 가난한 사람들이 하는 말을 새겨들어야 할 경우가 자주 있습니다. 나는 나에게 말했어요. "할머니의 말을 귀담아들어라. 하느님과 함께하는 삶을 살고 싶거든, 친교와 일치의 삶을 살면서 멀리 나아가고 싶거든 큰 어려움을 피해 다녀서는 안 된다. 오히려 그 반대로 행동해야 한다. 어려움 한가운데로 직접 들어가서 그 안에서 일치의 삶을 살아야 한다. 사랑을 모든 것의 열쇠와 핵심으로 삼고 살아야 한다." 이러한 확신을 나 자신과 하느님을 위해 실천에 옮길 수 있는 기회가 왔습니다. 다름이 아니라 독일군 점령 지역에서 도망친 사람들을 내 집에 숨겨 줄 수 있었습니다. 당시 프랑스 북부는 독일군이 점령했습니다. 떼제 북쪽으로 점령된 지역과 그렇지 않은 지역을 가르는 군사 분계선이 지나고 있었어요. 프랑스 북부에서 독일군을 피해 이 분계선을 넘어오려는 유대인들을 도와주던 사람들이 리옹에 있었습니다. 이 사람들은 유대인들에게 떼제에 가면 은신처를 찾을 수 있다고 말해 주었습니다.

  나는 우리 집에 온 사람들에게 이름도 묻지 않았습니다. 그런 건 중요하지 않았어요. 이름을 물었더라면 그들은 몹시 당황했을 겁니다. 그때 참 놀라운 일을 많이 겪었어요. 다 이해하지 못한 일도 허다했고요. 너무 젊은 나이였고 사람 보는 눈도 없던 때였습니다.

  내가 살던 집보다 더 불편한 집은 없었을 겁니다. 중고 가구와 거의 고장 나다시피한 허접스러운 화덕이 살림의 전부였으니까요. 난 아무것도 없이 시작해야 했습니다. 우선 식량이 필요했어요. 뜰에 채소를 심었지요. 소 두 마리를 사서 젖 짜는 법을 배웠어요. 염소도 두 마리 있어서 치즈를 만들 수 있었습니다.

두 염소 중 한 마리는 늘 길길이 날뛰어서 다루기가 몹시 어려웠습니다. 여물통에다 억지로 집어넣고 뒤쪽에서 겨우 젖을 짤 수 있었어요. 그래도 다루기가 쉽지 않았어요. 이 염소는 잿빛 털이 났는데 다른 염소는 살이 찌고 예쁜 흰색 염소였어요. 참 순했지요. 그 염소의 젖을 짜는 건 한결 쉬웠습니다.

그때 우리는 대문에 자물쇠를 채워 두고 아무나 함부로 들어오지 못하도록 방울을 달아 놓았습니다. 한번은 방울소리가 나서 뜰을 지나 대문을 열었어요. 문밖에는 불쾌한 인상을 주는 사람들이 서 있었습니다. 히틀러 독일과 동맹을 맺은 비시Vichy 정부 경찰들이었어요. 그들이 안으로 들어왔습니다. 내가 사람들을 숨겨 준다는 사실을 알고 온 것이지요. 아무도 체포되게 할 수는 없다고 생각했습니다. 1942년 어느 가을날 저녁에 일어난 일이었습니다.

우리는 언젠가 발각되어 끌려갈지도 모른다는 사실을 분명히 알게 되었습니다. 어디로 가게 될지는 몰랐지만요. 아마 프랑스 북부로 끌려갔겠지요. 그때 나는 집단 수용소가 있다는 것을 몰랐습니다. 경찰관들이 우리 집에 들이닥친 날 저녁, 막연한 불행에 직면하여 생기는 두려움이 무엇인지 깨달았습니다. 모든 것이 사라질지도 모르지요. 하느님께 기도했습니다. "제가 죽고 지상에서의 삶이 끝나며 어디론가 끌려가는 것은 아무렇지도 않습니다. 그러나 제가 시작한 일은 계속되어야 합니다." 내가 시작한 일이 계속되기만을 바랐습니다. 이렇게 몰두하니 마음의 평화를 되찾았습니다.

도망가지 않으면 목숨이 위태로운 한 사람을 스위스로 데려다 주고 나는 스위스에 머물렀습니다. 1942년 11월 11일에 내가 떼제로 돌아가면 게슈타포(나치스 정권의 비밀 경찰)가 곧바로 들이닥칠 것이라는 소식을 들었습니다.

내가 떼제에서 일을 시작할 때부터 간절히 원한 것은 공동체 삶을 세우는 일이었습니다. 선행과 매일의 화해가 공동체 안에서 복음의 감동적인 부름이 되기를 바랐습니다. 그리하여 우리가 어느 날 그리스도인들에게 말할 수 있기를 바랐습니다. "사랑이신 하느님을 믿는다고 말하면서 서로 갈라서고 싸우며 심지어 다른 교파 사람들을 학대한다면 그게 다 무슨 소용인가? 이런 상태가 지속된다면 그리스도의 공동체인 교회가 믿음에 대해 아무것도 모르는 사람들에게 어떤 의미를 갖겠는가? 사람들이 믿을 수 있도록 하나가 되라고 말씀하신 그리스도의 뜻을 어떻게 실현할 수 있단 말인가?" 여러 사람이 모여 일치와 화해의 실현을 위해 구체적으로 노력하는 것이 모든 일의 핵심이라는 사실을 깨달았습니다. 1942년, 떼제로 돌아갈 수 없다는 사실을 깨달은 나는 제네바에서 알게 된 두 수사들과 거기서 공동체 삶을 살기 시작했습니다.

프랑스가 해방되던 1944년에 우리는 떼제로 들어갔습니다. 그때 떼제에서 아주 가까운 곳에 독일인 포로수용소 두 곳이 생겼다는 소식을 들었습니다. 그중 한 곳은 우리 집에서 400미터밖에 안 되는 곳에 있었습니다. 우리는 어떤 일을 할 수 있는지에 대해 심사숙고했습니다. 함부로 행동하기 힘든 상황이었고, 몹시 까다로운 문제였습니다. 전쟁이 완전히 끝나지 않은 상태였으니까요. 우리는 이해심을 가지고 사랑으로 독일인 전쟁 포로들을 대하며 그들을 우리 집으로 초대하자고 결정했습니다. 독일군이 이 지역을 점령하던 시기에 끔찍한 일들이 일어났습니다. 우리는 프랑스 장관의 서명이 있는 허가증을 가지고 있었어요. 이 허가증을 가지고 수용소로 가서 주일마다 포로들을 우리 집으로 초대했습니다. 우리는 먼저 같이 기도를 올린 후 식사를 대접했어요. 형편이 허락하는 대로 그들이 수용소로 돌아갈 때 먹을 것을 호주머니에 넣어 주기도 했습니다. 정말 믿기 어려운 일이었지요. 자녀를 둔 가장도 있었고 미혼인 젊은이들도 있었습니다. 사람들은 자기가 결코 원하지 않았던 재앙, 즉 나치즘이 초래한 파국적 결과에 직면해 어쩔 줄 몰라 했으며 마음은 완전히 망가진 상태였습니다. 전쟁 포로들을 호송하던 감시관들이 포로들을 몹시 험하게 다루는 것을 한두 번 목격했습니다. 나는 사람이 학대당하는 것을 못 견뎌 합니다. 사실은 어땠는지 모르지만 내 눈에는 그들이 사디스트로 보였습니다.

  이 마을의 아름다움이 큰 도움을 주었어요. 1944년과 1945년, 사람들 마음의 끝 모를 나락을 보고야 말았을 때 떼제 주위의 아름다운 풍경이 나를 붙들어 주었습니다. 악은 인류의 마음속이 아니라 몇몇 사람의 마음속에 있는 인간성의 한 측면입니다. 그러나 인간의 이런 악한 모습을 보지 않았더라면 좋았을 것입니다.

어느 날 우리 수사들은 떼제의 한 가톨릭 사제에게 우리 집 바로 옆에 있는 마을 성당에서 기도를 해도 되는지 물었습니다. 그 성당은 몇 년째 쓰지 않고 비어 있던 터였어요. 그 후 로마네스크 양식의 성당에서 함께 드린 기도는 충만함으로 넘쳐흘렀지요. 둥근 천장 덕분에 우리 노래가 아름답게 울려 퍼졌습니다. 이것이 우리에게 많은 힘이 되었어요. 떼제는 시작되던 날부터 항상 음악으로 각인되어 있습니다. 오랜 세월 동안 우리는 저녁마다 함께 모여 앉았습니다. 우리에게는 라디오나 그 비슷한 장치도 없었어요. 그래도 우린 참 행복했습니다. 공동체 구성원의 수가 이렇게 적어야만 분열된 그리스도인들 사이에서 구체적이고 지속적으로 화해를 실현하는 삶을 살라는 부름에 응답할 수 있다고 여겼습니다. 나는 여러 수도 공동체의 규칙서를 많이 읽었기 때문에 공동체 구성원의 수가 너무 많아지는 것을 약간 두려워하고 있었어요. 나는 그때 우리에게 주어진 과제를 성취하기 위해 우리가 맨 먼저 해야 할 일은 '친교와 일치를 이루고 사는 사람들'이 되는 것이라고 생각했습니다. 그리스도라는 유일무이한 신비 안에서 우리 삶으로써 교회의 한 본보기를 보여 주고 있다고 말하고 싶었습니다.

우리 아버지는 연세도 별로 많지 않으셨는데 폐렴에 걸리셨습니다. 그때가 1945년 초였는데 마침 나는 떼제를 떠나 잠깐 스위스에 와 있던 참이었어요. 병석에 누워 계신 아버지를 보살펴 드릴 수 있어서 참 다행이었습니다. 아버지는 나와 이야기를 하고 싶으니 몸을 좀 일으켜 달라고 하셨습니다. 아버지는 "계속 그렇게 살 작정이

냐? 언젠가는 적선받는 돈에 의존해서 살게 될 거다. 그건 돈을 주는 사람에게 네 자유를 바쳐 결국 잃어버리게 된다는 뜻이야" 하고 말씀하셨습니다. 나는 대답했습니다. "아닙니다. 그런 일은 결코 없을 겁니다. 지금 저희에게는 돈이 약간 있습니다." 아버지는 당신 의견을 굽히지 않으셨어요. "하지만 나중에는 어떻게 할 참이냐?" 나는 아버지께 말씀드렸어요. "제가 숨겨 준 피난민들에게 먹을 것을 마련해 주려고 우유 짜는 법을 배웠습니다." 아버지는 내 말에 아무런 대꾸도 하지 않으셨습니다. 아버지를 다시 눕혀 드렸어요. 곧 혼수상태에 빠지셨고 결국 돌아가셨습니다. 아버지가 그 마지막 질문을 하고 싶어 하셨다는 걸 평생 잊을 수 없습니다. 아버지는 그 문제를 중요하게 여기셨습니다. 나도 마찬가지였고요. 하지만 병이 나시기 전에는 한 번도 내게 그런 말을 하지 않았습니다.

우리 공동체는 무척 많은 일을 했습니다. 우리는 평생을 우리 손으로 노동하여 먹고살았습니다. 인간의 마음과 양심이라는 것이 얼마나 쉽게 망가질 수 있는가를 깨달았을 때, 가난이 닥쳐와도 물질적 재산에서 자유로워야만 떼제에서 무엇인가를 일으켜 세울 수 있다는 사실이 아주 분명해졌습니다. 나는 가난이라는 말을 좋아하지 않습니다. 가난이라는 말 대신 '삶의 단순함'이라는 말을 씁니다. 사람들이 가난을 낭만적으로 볼 수도 있기 때문이지요. 가난에 대한 이러한 입장은 내면의 부름에서 멀어지게 합니다. 중요한 것은 우리에게 맡겨진 사람들을 우리가 직접 일해서 번 것으로 돌보는 일입니다. 함께 모여 평화와 자비, 일치와 화해의 증인이 되기 위해

한 공동체를 설립할 때는 돈과 관련해서 자유로워야 합니다. 따로 모아 둔 재산 없이 하루하루를 살고, 다가올 몇 주 동안에 필요한 것만 가지고 살아갑니다. 그렇게 살면서 전혀 예측하지 못한 상황이 닥칠 수 있다는 사실을 받아들입니다. 복음이 말하는 가난은 비참을 뜻하지 않습니다. 복음의 가난은 창조적 재능으로 나아가는 길을 막지 않습니다. 이 가난은 스스로 제 무덤을 파는 그런 가난이 아닙니다. 우리에게는 은사로 주어진 재능이 이미 있습니다. 그 재능 중 아주 작은 부분만을 가지고도 한 장소를 살기 좋은 집으로 변화시킬 수 있습니다.

요한 23세가 교황으로 선출된 직후 공식 성무를 집행하기 전, 리옹의 제를리어 추기경이 교황에게 말했습니다. "화해를 목표로 하는 '교회 일치 운동'의 부름에 응답하시려면 지금 떼제의 수사들을 맞이하십시오." 교황은 이에 동의했습니다. 제를리어 추기경은 이어서 "떼제 수사들을 다른 모든 사람이 보는 앞에서 맞이하셔야 합니다" 하고 말했습니다. 교황은 이를 납득하지 못하는 것 같았다고 합니다. 어쨌든 추기경이 우리에게 전보를 보냈더군요. 막스 수사와 내가 로마에 가서 2주 동안 머물겠다고 답을 보냈어요. 추기경이 또 소식을 보냈습니다. "교황께서는 나이가 많으십니다. 나도 늙은 사람이기 때문에 하는 말인데, 나이 든 사람들에게는 어떤 행사의 처음만 기억에 분명하게 남는 법입니다. 교황의 취임을 축하하기 위해 여러 사절단이 올 겁니다. 이 사절단들이 오기 전에 교황은 당신들을 맞이할 것입니다." 우리도 이에 동의했습니다.

교황 요한 23세를 처음으로 알현한 일은 정말 특별한 경험이었습니다. 교황은 "그대들이 하는 일에 관심이 큽니다" 하고 말씀하셨습니다. 우리의 보고를 듣고 교황은 박수를 쳤습니다. 우리가 하는 이야기가 아주 마음에 들었던 것입니다. 교황이 "나는 그런 일에 대한 경험이 많지 않아요. 그렇지만 또 오시오" 하고 말하자 우리는 대답했습니다. "물론입니다. 기꺼이 다시 오겠습니다." 이렇게 우리 공동체 삶의 새 장이 시작되었습니다. 이런 일이 생기리라고는 꿈에도 생각하지 못했지요. 얼마 지나지 않아 요한 23세는 공의회 개최를 발표하면서 말했습니다. "우리는 역사에 소송을 걸 수 없습니다. 누구의 의견이 옳고 그른지 알아내려고 애쓸 생각은 없습니다. 그러니 우리 서로 화해합시다!"

고령이었던 요한 23세는 '하느님께서 우리에게 어진 마음과 타인의 마음을 살필 수 있는 능력을 주셔서 다른 사람들과 함께 무엇인가를 건설하게 하신다'고 굳게 믿었습니다. 그분의 마음은 이웃 사랑으로 충만하셨습니다. 그리고 그 마음속의 모든 것을 다 베풀었습니다. 살아 있는 이웃 사랑이 있는 곳에 하느님께서 충만하시다는 사실을 그분은 분명히 알고 있었습니다. 나는 알랭 수사, 막스 수사와 함께 그분을 마지막으로 뵙고 싶었습니다. 우리는 그분이 암 말기 진단을 받았다는 사실을 알고 있었습니다. 누군가 교황께서 알현 약속이 없는 날을 알려 주었습니다. 그날은 교황께서 쉬시니까 시간이 있을 거라고 했습니다. 하지만 교황의 용태가 나쁠 경우 알현은 연기될 거라는 뜻이었어요. 우리가 요한 23세를 마지막으로 가까이했던 그날 오전은 그 시간 후부터 지금까지 발전되어 온 모든 것, 즉 화해를 위해 일하라는 우리의 사명에 결정적인 영향을 끼쳤습니다.

그때 우리는 교황께 두 가지 걱정스러운 질문을 했습니다. 그분은 우리가 교회 일치 때문에 염려하는 것을 원하지 않았어요. 그분은 우리가 이미 떼제의 미래를 향해 난 길을 가고 있다고 말씀하셨어요. 그분의 보살핌을 더 이상 받지 않게 될 때 우리 공동체가 어떻게 될지 우린 모르고 있었습니다. 그래서 우리는 그분이 보기에 어떤 길이 우리에게 가장 좋은 길인지 듣고 싶었습니다. 그분에게는 자신이 지니고 있던 신뢰를 다른 이들에게 전달하는 능력이 있었습니다. 이런 능력은 하나의 기적이라고 봅니다. 우리의 두 번째 물음에 대해 그분은 팔을 크게 벌려 대답했습니다. "걱정하지 마시오." 그러고 나서 교회의 본모습을 설명해 주셨습니다. 이것이 우리에게 닥친 모든 일 앞에서 우리를 굳건하게 해 주었습니다. 어떤 상황에 부닥쳐 견디기 힘들 때, 생각에 생각을 거듭하고 묻고 걱정하는 상황에 처해 있을 때 우리는 서로 말합니다. "교황 요한 23세는 그때 우리에게 신뢰가 가장 중요하다고 말씀하셨지." 그 많은 걱정에도 우리는 바로 이 신뢰를 삶 속에서 살아 내고자 합니다. 불안한 마음은 유감스럽게도 쉽게 다른 사람들에게 번지기 때문입니다.

교황은 우리가 마지막으로 뵙고 얼마 후 선종했습니다. 우리는 라디오를 통해 이 소식을 들었습니다. 1963년 6월 3일, 성령 강림 대축일 이튿날 월요일이었지요. 교회로 가고 있는데 한 수사가 달

려와서 말했습니다. "지금 막 요한 23세가 선종하셨다는 소식이 발표되었습니다." 교회에 가서 공동기도를 드릴 때 나는 뭔가를 말하려고, 이런 교황이 있게 해 주심에 감사기도를 드리려고 했습니다. 하지만 땅이 꺼져 버리는 듯해서 어떤 말도 할 수 없었습니다. 이제 누가 우리에게 그토록 깊은 신뢰와 자비, 사랑을 베풀까? 교황 요한 23세는 분명 우리에게 길을 터 주었습니다. 스스로는 분명하게 의식하지 않았겠지만, 그분은 교회의 신비 가운데 한 부분을 가렸던 베일을 걷어 냈다고 나는 믿습니다. 마음의 눈으로 그 신비를 바라보는 것만으로도 우리는 모든 걱정에서 놓여날 수 있었으며 맑은 기쁨을 되찾을 수 있었습니다. 요한 23세야말로 우리 삶에 가장 큰 영향을 끼친 분이라고 주저 없이 말할 수 있습니다.

희망이신 예수님,

저희가 부족하고

내딛는 걸음이

서툰 사람들일지라도

당신께서 저희를 사랑하시며

당신께로 난 길을

항상 비춰 주고 계신다는 것을

깨닫고 싶습니다.

로제 수사

국경을 초월한 우정
레기네 쿤츠파이트, 볼프강 수사와 나눈 대화

로제 수사의 오랜 친구, 작센 주 루터교 지방 교회 감독 요한네스 헴펠

  작센 주 루터교 지방 교회 감독 요한네스 헴펠 박사는 로제 수사의 소중한 친구였으며 오랜 세월 떼제 공동체와 동행했다. 헴펠 박사와 떼제는 1989년 베를린 장벽이 무너지기 몇십 년 전부터 깊은 교류를 맺고 있었으며 서로를 방문하면서 유대를 다졌다. 떼제 공동체는 중부와 동부 유럽 나라들과 지속적인 관계를 유지하고 (물론 비밀리에) 젊은이들을 만났다. 떼제는 무신론을 제창하는 정권에 대항해 투쟁하는 젊은이들을 지원하고 동참하는 일을 매우 중요하게 여겼다. 이 투쟁은 힘겨웠으며 젊은이들과의 만남은 늘 위험했다. 공산주의는 교회의 청년 사목을 항상 위협했으며 국가는 비종교적 젊은이 축제를 기획하여 젊은이들을 끌어 모으고 있었다. 국가는 그리스도교의 가르침을 교실에서 추방해 버렸고 교회의 존재도 사회에서 철저하게 배척하기 위해 갖은 노력을 다했다. 거기다가 교회 존재의 부당성을 주지시키려고 모든 노력을 경주하고 있던 터였다.

  요한네스 헴펠 박사는 1972년 1월 15일에 드레스덴에 있는 십자가 교회에서 지방 교회 감독으로 서임되었다. 지방 교회 감독직을 맡기 전에 그는 라이프치히 대학의 개신교 학생 단체 목사였으며 신학교 교장이기도 했다. 당시 라이프치히 대학생들은 그가 지도하던 성경 공부를 아직도 기억하고 있다. 지방 교회 감독으로서 그는 권위적인 지도자가 아니었다. 같은 위치에서 서로 협력하며 일하는 사람으로 대해 주기를 원했고 그렇게 직무를 수행해 나갔다. 오늘날까지도 '교회 일치 운동'에 대해 그가 한 말은 중요하게 여겨지고 있다. 1983년에 그는 교회 일치 의회의 일곱 의장 중 한 명으로 선출되었다. 1982년부터 1986년까지 그는 동독 성직자 협의회 의장을 지냈다. 1982년 2월 13일, '평화 포럼'(Forum Frieden) 때 신자들로 꽉 찬 십자가 교회에서 그가 한 설교는 팽팽하게 긴장된 상황 속에서 그날 하루를 함께 보낸 모든 사람에게 잊을 수 없는 설교였다. 그가 지방 교회 감독직을 맡고 있던 시기에 동독 정부는 교회 활동과 구조에 계속 개입하려고 했다. 그러나 헴펠은 단 한 번도 희망과 하느님에 대한 신뢰, 교회의 살아 있는 친교에 대한 신뢰를 잃지 않았다. 로제 수사는 위험했지만 사람들의 마음을 크게 움직였던 이 시기의 상황을 뚜렷이 기억했다.

로제 수사가 쓴 아래 글에서 분명하게 표현되고 있다.

오랫동안 기다렸던 일

베를린 장벽이 세워지고 일 년이 지난 1962년에 지금은 고인이 된 크리스토프 수사가 말했다. "중부와 동부 유럽의 여러 나라에 우리 수사 두 명씩 가서 청소년들과 젊은이들을 만나 그들의 말에 귀 기울이며 그들을 이해해 주는 일이 매우 중요합니다." 독일인인 크리스토프 수사는 제2차 세계대전이 끝날 무렵 젊은 나이로 전쟁 포로가 되어 소련으로 끌려가 3년을 붙잡혀 있었다.

우리는 그의 생각을 따랐고 수십 년간 쉬지 않고 동유럽 여러 나라를 찾아갔다. 크리스토프 수사는 동독에서 일을 시작했다. 우리는 서유럽에서 자유를 누리고 살면서 우리가 사랑하는 사람들이 동유럽에서 가혹한 학대를 받고 있다는 사실을 속수무책으로 바라보고 있을 수는 없었다. 우리는 그들 가까이에 가서 그들과 만나는 일을 멈추지 않았다.

우리는 이 일에 대해서는 어떤 말도 하지 않았다. 우리가 찾아가 만나는 사람들을 위험에 빠뜨리지 않으려면 신중하게 처신해야 했다. 동서 간의 장벽이 무너지고 국경을 넘나들게 된 후에도 우리는 계속 방문했다. 오늘 중부와 동부 유럽에서 이토록 많은 사람이 떼제를 찾아오는 이유는 그 오랜 세월 동안 우리 사이에서 깊이를 더해 간 서로의 신뢰 덕택이 아니고 무엇이겠는가?

동독이 외부와 차단되어 있던 시기에 우리 수사들이 비밀리에 만났던 친구들 가운데는 루터교 지방 교회 감독들이 있었다. 그들 중 한 분이 떼제를 찾아왔을 때를 잊지 못한다. 어느 날 갑자기 이 지방 교회 감독은 동행 두 명과 우리를 방문해도 된다는 허락을 받았다. 한 수사가 역으로 그들을 마중 나갔다. 세 사람이 기차에서 내리자 지방 교회 감독은 다른 두 사람이 눈치 채지 못하게 두 동행인 중 한 사람이 우리 대화를 듣고 동독으로 돌아가 보고를 할 임무를 띠고 왔다는 제스처를 취했다.

곤혹스러운 상황이었지만 지방 교회 감독과 단둘이 이마를 맞대고 이야기를 나눌 기회를 갖게 되었다. 우리는 세 방문객에게 클뤼니 관광을 시켜 줄 참이었다. 그런데 주교는 몸이 불편하다는 핑계로 떼제에 남아 있었다. 그러고는 내 방에서 몇 시간 동안 이야기를 나눴다. 세 사람이 떼제를 떠나기 전 마지막으로 함께 식사를 하는 자리에서 지방 교회 감독은 자기 나라의 상황에 대해 주저 없이 용감한 말들을 했다. 당시 작센 주의 지방 교회 감독이었던 요한네스 헴펠은 우리와 가까운 사이였다. 1974년부터 그는 자신이 지방 교회 감독으로 있던 드레스덴에서 젊은이 모임을 개최하기 위해 나를 그곳으로 초대하려고 온갖 애를 썼으나 허가를 얻지 못하고 있었다. 끈질긴 노력과 수고가 거듭 수포로 돌아갔다. 그러다 1980년에 드디어 담당 부서로부터 분명하지 않지만 어쨌든 허가 비슷한 언질을 겨우 받아 냈다. 곧 우리 수사들이 젊은이 모임을 준비하기 위해 비밀리에 드레스덴으로 갔다. 얼마 후 나는 몇몇 수사와 함께 비자도 없이 드레스덴에 도착했다. 담당 부서가 하루 전에야 헴펠 지방 교회 감독에게 체류 허가에 필요한 서류를 주었기 때문에 비자를 신청할 시간이 없었다. 그의 끈질긴 인내가 없었더라면 이것마저 불가능했을 것이다. 그가 공항에 나왔다. 다시 돌아가라고 하지는 않을지, 우리가 서관을 통과할 수 있을지는 마지막 순간까지 불확실했다.

이렇게 하여 1980년에 드레스덴에서 열린 젊은이 모임은 가장 감동 깊은 모임이었다. 저녁에는 동독의 여러 지역에서 온 젊은이 수천 명이 밤늦게까지 계속된 기도에 참여하기 위해 십자가 교회로 모여들었다. 수년 동안 얼굴도 모르는 상태에서 기도 가운데 우리 가슴속에 품고 있던 그 수많은 젊은이를 드디어 직접 만날 수 있었으니, 이 젊은이 모임은 우리의 가슴을 달뜨게 한 축제였다. 맨 윗자리까지 꽉 채운 젊은이들로 교회는 발 디딜 틈이 없었다. 체코와 슬로바키아에서도 150여 명이 왔다. 그들은 주목의 대상이 되지 않으려고 조심스럽게 행동했다. 그들은 따로 한방에 모여 우리와 직접 만나 같이 기도했다. 크리스토프 수사는 하느님 곁에서 이 모든 것이 이루어진 것을 보고 분명 기쁨을 같이 나누었을 것이다. 동독에서 이런 일이 이루어지기를 그토록 바라던 사람이 바로 그였다. 기도가 끝난 후 헴펠 지방 교회 감독은 감동한 나머지 한마디도 할 수 없었다. 그렇게 오랜 세월 바라고 바라던 일이 실제로 일어났기 때문이었다. 늦은 밤에 그는 나를 데리고 자기 집으로 갔다. 그의 집에서 그는 음반을 하나 틀었다. 우리는 그의 가족과 함께 오랜 시간 침묵하면서 음악에 귀를 기울였다.

그의 집에 도청 장치가 되어 있었다. 젊은이 모임을 끝내고 떼제로 돌아가기 전에 그는 나에게 엘베 강 가에서 잠깐 산책을 하자고 했다. 방해받지 않고 자유롭게 대화를 나누기 위해서였다. 엘베 강 가에서 그와 함께한 산책은 영원히 잊지 못할 것이다. 우리 둘의 마음을 무겁게 하는 일들에 대해 솔직하게 대화할 수 있었다. 그는 내가 안고 있는 문제들에 대해 같이 염려하고 기꺼이 해결책을 찾으려고 했다. 그래서 나는 내 마음속에 있는 생각들을 다 털어놓을 수 있었다. 산책 후 나는 내 일기장에 이렇게 썼다. "요한네스 헴펠, 이 사람보다 더 주의 깊고 용감하며 솔직한 사람은 없을 것이다."

이때부터 오늘날까지 중부와 동부 유럽의 많은 나라에서 수많은 젊은이가 떼제를 찾아오고 있다. 볼프강 수사는 여러 나라 젊은이들 사이의 이런 교류가 "마음의 국경을 새롭게 열고 편견을 없애는 일을 하고 있다"고 말한다. 우리가 남의 말을 주의 깊게 듣고 상대방이 처한 상황을 이해하는 법을 배울 때만 이 세상에서 정의와 평화를 위한 새로운 길을 갈 수 있다.

요한네스 헴펠 지방 교회 감독에 대한 글에서 그는 "남에게 자기 생각을 강요하는 법이 없는 섬세한 사람이면서 굽힐 줄 모르는 의지를 지닌 사람"이라고 표현되었다. 떼제 안팎에서 이루어지고 있는 일들의 성격도 이와 같은 말로 묘사할 수 있다. 나와 대화하면서 볼프강 수사는 이렇게 이야기했다. "우리는 자주 정치적 행동을 하라는 요구를 받습니다. 유럽 젊은이 모임에 참가하려고 나라 밖으로 나가는 젊은이들을 방해하면서 정치적인 행동을 한 사람이 많았습니다. 우리는 젊은이들이 여행을 떠나는 것을 방해하는 대신 길을 떠나라고 그들을 격려하고 있으며 30년 전부터 해마다 바르샤바에서 리스본까지, 부다페스트에서 런던까지 유럽의 여러 대도시로 젊은이들과 함께 길을 떠나고 있습니다. 남아메리카, 아프리카, 아시아에서는 유럽 모임과 비슷한 모임이 자주 열리고 있습니다.

다름 아닌 이것이 우리의 정치적 행동이었고 지금도 그렇습니다. 즉, 유럽과 전 세계 젊은이들의 친목과 교류를 도모하는 일입니다. 떼제는 시대와 정치적 사안들을 늘 앞서 갔다고 말할 수 있습니다. 우리는 거창한 각서나 결의문을 내세워 무엇을 변화시키려 하지 않습니다. 이런 것은 나중 일입니다. 끈질기면서도 섬세한 자세로 서로를 향해 나아가는 것, 상대방 말을 경청하는 것, 만나서 서로를 아는 것, 손님에게 친절을 베푸는 것, 함께 기도하는 것에서부터 무엇인가가 변화됩니다! 우리는 되새겨야 할 과거와 규명해야 할 일도 많습니다. 이 일을 해내기 위해 자비의 힘과 우리를 화해와 어진 마음으로 이끌 성령의 도움이 필요합니다." 볼프강 수사는 떼제 공동체의 오랜 친구였던 철학자 폴 리쾨르의 말을 인용하면서 덧붙였다. "악의 뿌리가 아무리 깊다 해도 어진 마음에는 미치지 못한다."

성령이여,
당신은 항상 우리 내면에
현존하심으로써
어떻게 하면 사랑 때문에
저희 삶을 바칠 수 있는지
가르쳐 주십니다.
저희가 가끔 당신을
잊어버린다 해도
당신은
더없이 많은 기쁨을 선사해 주십니다.

로제 수사

제6장
떼제는 많은 뜻을 담고 있는 암호

떼제와의 만남

크리스티네 라이

수요일 아침이었다. 남편이 나를 흔들어 깨우며 말했다. "로제 수사님이 피살되셨대." 내가 잘못 들었겠거니 생각했다. 무슨 착오이길 바라면서 도저히 못 믿겠다는 어투로 "로제 수사님이?" 하고 물었다. "피살이라니?" "그래, 어제 저녁기도 시간에 정신병자로 보이는 어떤 여자의 칼에 찔렸대."

쾰른에서는 '세계 청년 대회'가 열리고 있었다. 우리는 여름방학을 맞아 프라이부르크에 사는 친구 집에 들렀다가 떼제에서 일주일간 보낼 계획을 하고 있었다. 텐트와 배낭도 자동차에 다 실어 놓은 참이었다. 우리는 바로 떼제로 연락해서 일주일간 거기서 머물겠다던 계획을 취소했다. 로제 수사가 피살되었으니 떼제에 수많은 사람이 몰려들 것이고, 어떤 일이 일어날지 모르는 상황에서 떼제에 가고 싶지 않았다. 그래서 프라이부르크에만 다녀오기로 했다. 그 후 며칠 동안 우리는 슬픔과 혼란에 빠져 떼제에 대한 소식을 보고 들으며 지냈다. 그때 우리 마음속에 떠나지 않던 물음은 "떼제가 앞으로도 존속할 것인가?" 하는 것이었다. 이런 물음이 마음속에서 솟구쳐 올라올 때마다 떼제는 앞으로도 계속 있을 것이다, 다른 가능성은 전혀 없다며 자답하곤 했다. 떼제는 이미 마르지 않을 샘이 되지 않았는가? 우리에게뿐 아니라 많은 사람에게 새로운 것, 다른 것을 계시하는 원천이 된 떼제가 존속하지 않을 이유가 없지 않은 가? 우리는 오늘날 이를 신뢰한다. 나는 떼제라는 이 원천이 계속 솟아날 것이라 확신한다.

  내가 떼제에 대해 처음부터 확신을 가졌던 것은 아니다. 처음 떼제를 찾아갔을 때는 떼제와 관련하여 겪을 많은 일을 꿈에도 상상하지 못했다. 내가 그 후 몇 년 동안 삶의 여러 정황 속에서 줄곧 떼제를 찾아가게 되리라는 것, 로제 수사가 피살되고 나서 2주일 후에 레기네 쿤츠파이트와 이 책을 출간하기 위해 떼제를 찾아가 인터뷰를 하게 될 줄은 당시에는 짐작도 못했다.

  먼저 내가 떼제에 처음 오게 되었을 때를 이야기해 보자. 떼제와 처음 만났을 때 나는 내가 신비주의적이며 환각을 방편으로 삼는 신흥종교에 걸려든 것이라고 생각했다. 떼제에 와서 일주일을 지내는 동안 이곳을 빠져나갈 궁리만 했으며 아무것도 이해하지 못하는 혼란에 빠졌다. 1993년 여름의 일이었다. 그때 난 열여덟 살이었고 일 년만 있으면 졸업 시험을 치르게 되어 있었다. 우리 교회 청소년 모임이 끝나는 것을 기념하기 위한 이벤트로 '떼제 순례'를 가게 되었다. 우리란 뷔르템베르크 주의 슈바벤알프스 아래 위치한 한 작은 마을의 교회에 다니던 청소년 여덟 명이었다. 청소년 모임을 지도하던 분도 우리와 함께 떼제로 떠났다. 뷔르템베르크 주에는 경건주의적 분위기가 지배한다. 그러나 우리 여덟 명은 경건주의적 분위기와는 거리가 먼 개방적이고 자유로운 가정 출신이었다. 어쨌든, 함께 모험을 즐겨 보자는 심산에서 우리는 이 여행을 위해 저금통장을 털어 낡은 폴크스바겐 승합차를 마련하고 떼제를 향해 떠났다. 떼제에서는 전 세계에서 온 젊은이들을 만날 수 있다는 말을 들은 터였다. 이것이야말로 개방적인 우리에게 딱 맞는 기회라고 생각했고 떼제에 가면 아무튼 무척 재미있을 것 같았다.

어느 토요일에 우리는 떼제를 향해 떠났다. 도착한 날 참석한 '촛불 기도'는 개신교 신자인 우리에게 무척 낯설었다. 주일 아침 식사도 평소에 먹던 것과는 딴판이었다. 그때까지는 그래도 다음 주 첫날인 월요일부터는 식사가 나아질 거라는 희망을 품고 있었다. 공식적으로 주일이 방문객이 도착하거나 떠나는 날이었기 때문에 다들 시간이 없어서 이런 '형편없이 조촐한' 아침 식사를 주는 거라 짐작하며 화를 가라앉히고 있었다. 거기다가 주일은 너무 부산스러웠다. 일주일을 지내다 떠나는 사람들로 몹시 북적거렸다. 모두 자기가 해야 할 일을 아는데 나만 오지 말아야 할 곳에 와 있다는 느낌이었다. 점심 식사 후 갑자기 적막해진 떼제 언덕에는 해가 뜨겁게 내리쬐고 있었고 세상이 갑자기 정지한 느낌이었다. 얼마 후에 셀 수 없이 많은 버스에서 새로운 얼굴들, 어디로 가야 할지 몰라 어리둥절해하는 얼굴들이 쏟아져 나왔다. 떼제 언덕은 다시 꽉 찼다.

곧 누군가가 우리에게 떼제에 온 것을 환영한다고 했다. 드디어 우리에게 마음을 쓰는구나 싶었다. 그런데 느닷없이 우리가 일을 해야 한다는 것이었다. 여러 가지 일 중 하나를 택하라며 우리에게 내민 일의 목록에 기분이 더 나빠졌다. 어처구니없어 하면서 그 제안을 받아들였다. 그리고 우리끼리 어울리지 말고 다른 그룹에 들어가야 한다는 말도 이해할 수 없었다. 어쨌든 우리는 그 주일의 오전 시간을 화장실과 샤워장을 청소하고 쓰레기통을 비우는 일, 정원 일 등을 하며 보냈다. 떼제의 가게 '오약'Oyak에서 일하거나 '올린다'Olinda에서 아이들을 돌봐 주는 일도 했다. 파티를 기대하고 온 우리에게 이런 일은 충격이었다. 초라한 식사, 추운 샤워장, 성경 공부, 거기다가 하루 세 번이나 참석해야 하는 기도! 정말 너무 심했다. 사춘기 아이들처럼 우리는 반항심으로 가득 찬 말싸움을 하기 시작했다. "사람을 이렇게 취급하는 법이 어딨어요?" "몸종이나 다를 게 뭐가 있어요?" "이게 감옥이 아니면 뭐예요?" 우리가 한 말싸움의 기본 논조는 대충 이런 것이었다. 그러나 놀라운 것은 우리가 이런 갈등에도 떼제에 끝까지 남아 있었다는 사실이다. 우리 여덟 명이 이 모든 일을 참고 견디며 모두가 하는 대로 우리에게 주어진 규칙을 지키고 있었다. 하지만 한 가지는 분명한 것 같았다. 이번 주는 끝까지 견뎌 내겠지만 다시는 떼제에 안 으겠다는 결심이었다. 나는 다른 참가자들이 떠나는 주일보다 하루 전인 토요일에 떼제를 떠나 집으로 돌아올 수 있어서 너무 좋았다. 떼제에 오는 사람들은 자기 갈 길을 가고 우리는 우리대로 새로운 길을 모색해야지, 나는 이렇게 다짐했다. 그러던 우리가 왜 다음 해 성령 강림 대축일 때 우리 청소년 모임을 지도하던 어른도 없이 다시 떼제를 찾게 되었는지, 그 이유를 말할 수 있는 사람은 우리 중에 아무도 없다. 우리에게는 그때까지도 그 낡아 빠진 승합차가 있었다. 그 차를 타고 일 년에 한 번씩 떼제로 떠나는 게 당연한 일처럼 여겨졌다. 그 후 몇 년 동안 우리는 해마다 떼제를 찾았다.

우리 여덟 명은 각자 해마다 떼제에서 새롭고 인상 깊은 체험을 했다. 나도 해마다 새로운 것들을 발견했다. 보잘것없는 식사, 춥고 우중충한 샤워장, 청소나 정원 일 등은 점차 부차적인 것이 되어 갔다. 이런 것들에 대해 말싸움하는 것이 너무 세속적이라는 생각이 커졌다. 떼제에서는 이렇게 되기 마련이다. 언제부터인가 이런 외적 불편함들이 우리 마음을 더는 방해하지 않았다. 더 중요한 일들에 집중할 수 있게 되었기 때문이다. 지금 나는 그 모든 일 뒤에 숨은 의미를 볼 수 있고, 점점 더 많은 것을 이해할 수 있게 되었다. 이 부분을 쓰면서 내 얼굴에 미소가 번진다. 이건 아마도 '떼제 효과'일 것이다. 기다리기, 남의 말에 귀 기울이며 신뢰하기, 떼제에서는 이런 일들이 저절로 일어난다. 이렇게 나는 하루 세 번 드리는 기도가 마음을 풍요롭게 해 준다는 사실을 발견했다. 기도 시간에는 내 마음 깊은 곳에 고요가 찾아든다. 이 고요함 가운데서 나는 자신과 나의 믿음, 내가 맺고 있는 관계, 나의 미래에 대해 사색한다. 평소에는 이렇게 집중적으로 모든 것에 대해 사색할 수 있는 기회가 드물다. 떼제는 삶을 살아가는 데 필요한 힘을 얻는 장소다.

가사를 반복하여 노래를 부르다 보면 해방감을 느낀다. 처음 떼제에 왔을 때는 같은 문장을 계속 반복하는 것이 정말 무의미하게 여겨졌다. 해마다 떼제를 찾아오면서 처음에는 감옥 같고 비인간적이라고 여겼던 모든 것을 이해하기 시작했다. 이제는 그 모든 것이 구체적인 삶 속에서 실현되는 솔직한 자유라고 여긴다. 이제 나는 떼제를 방문한 사람들이 지켜야 하는 규칙이 한 사람에게 부과된

엄격한 규정이 아니라 수많은 나라에서 온 사람들이 서로 평화롭고 신뢰에 가득 찬 관계 속에서 함께 지내도록 도와주는 현명한 제안이며 방법이라고 이해한다. 이것도 지금 내게 도움이 되는 발견이다. 떼제에서는 세계 여러 나라의 그리스도인 수천 명이 함께 일주일을 보낸다. 이들은 문화적 배경뿐 아니라 삶과 믿음의 경험이 다르고 교육 정도와 사회적 배경도 크게 다른 사람들이다. 그런데 이런 사람들이 모여 지내는 일주일이 참으로 평화롭게 진행된다. 교사인 나는 학생들 사이에서 일어나는 싸움을 보거나 아프리카와 근동에서 일어나는 끊이지 않는 전쟁에 대한 신문 보도를 읽을 때마다 떼제에서는 서로 극히 다른 수천 명이 평화롭게 일주일을 보내고 있다는 사실을 되새기며 감동을 받곤 한다. 나는 떼제에서 남의 말을 귀 기울여 듣는 법을 배웠으며 다른 나라 사람들을 이해하는 법을 배웠다. 하루 세 번의 기도도 처음에는 무거운 짐처럼 여겨졌지만 지금은 즐겁게 참여하게 되었다. 떼제를 통해 나는 전례와 계획성 있는 일과가 얼마나 중요한지 배우게 되었다. 떼제에서 일주일을 보내고 집에 돌아오면 나는 생기에 넘쳤고 내 삶을 풍요하게 하는 새로운 전망을 발견하고 기뻐하곤 했다.

떼제에서 딱 한 번 실망한 적이 있다. 내가 대학을 졸업할 즈음 지금은 목사가 된 친구와 떼제를 찾아갔을 때였다. 이 방문은 한마디로 실패였다. 무슨 이유에서였는지 그때 우리는 떼제에서 우리가 설 자리를 찾지 못하고 계획한 날보다 일찍 떠났다. 그러나 이 짧은 방문에서 깨달은 것이 있다. 떼제가 항상 우리 삶에 들어맞아야 하는 것은 아니라는 사실, 새로운 것을 발견하기 위해서는 위기의 시기가 있어야 한다는 사실이었다. 모든 일에는 때가 있는 법이다. 나는 이제 다른 사람들이 떼제를 만날 수 있도록 해 주는 것이 더 바람직하다고 느끼게 되었다. 이런 생각이 떠오른 것은 내가 실업학교 교사가 되기 전 교생실습을 하던 때였다. 청소년들에게 떼제를 만나게 해 줄 절호의 기회였다. 나는 망설이지 않고 떼제에 가고 싶은 학생들이 있으면 준비 모임을 지도하고 떼제에 동행하겠다고 학생들에게 권했다. 내가 주선한 첫 떼제 방문은 감동적인 체험이었다. 그 후 지금까지 2년마다 한 번씩, 열다섯에서 열일곱 살 사이의 남녀 학생 50여 명으로 그룹을 만들어 떼제를 찾아가고 있다. 나의 떼제 방문은 일종의 의식으로 발전한 셈이다. 나와 처음으로 떼제를 찾아간 학생 가운데 몇 명은 그 사이에 (물론 성인이 되어) 독립적으로 떼제를 찾아가고 있으며, 몇 명은 내 학생들과 함께 떼제를 찾아가 그들을 돌봐 주고 있다. 떼제를 찾아갈 때마다 나는 기도와 상호 교류로 이루어진 떼제에서의 며칠이 청소년들에게 결정적 영향을 미치는 것을 본다. 그들의 삶에 의미를 부여하고 그들의 내적 성장에 크게 이바지하는 것을 보고 매번 감동하곤 한다.

종교 교육학적 관점에서 본 떼제 방문의 이점

 내가 학교 종교 교육의 일환으로 학생들에게 떼제 방문을 권하고 이를 위해 준비 작업을 하고자 했던 것은 물론 떼제에서 겪은 나 자신의 개인적 경험 때문이었다.

그러나 이런 개인적 동기를 넘어서 학교라는 제도의 테두리 안에서 실행되는 떼제 방문이 학교나 교실에서의 종교 수업이 줄 수 있는 것보다 훨씬 많은 기회를 제공한다는 사실이 시간이 갈수록 더 분명해지고 있다. 이를 면밀히 살펴보겠다.

우리 청소년들은 날마다 세계화 현상에 부딪히고 있다. 세계화는 새로운 것을 시도해 보고 또 배울 수 있는 많은 가능성을 제공하고 있다. 세계는 실제로도 그렇긴 하지만 많은 점에서 국경이 사라지는 것 같다. 이는 무거운 짐이 될 수도, 좋은 기회가 될 수도 있다. 그러나 세계의 개방성 안에서 길을 잃어버리고 방황하는 청소년들을 자주 보았다. 그들은 개방된 세계가 제공하는 기회들을 의미 있게 이용할 수 있는 방법을 몰라 어려움을 겪는다. 거기다가 평탄하지 못한 가정 환경이 어려움을 심화시키고 있다. 제2차 세계대전 후에 젊은 시절을 보낸 세대는 이런 개방된 세계를 동경했고 이를 쟁취하기 위해 싸웠다. 그런데 오늘날 청소년들은 이 개방성을 짐스럽게 여긴다. 기댈 곳도 없고 아무래도 상관없는 환경 조건으로 받아들이며 개인적으로도 상당히 혼란스러워한다. 젊은 사람이라면 누구나 자기 앞에 놓인 기회와 자기에게 주어진 것들을 실험해 보고 '세상과 삶'이 자신에게 무엇을 제공하는지 발견하고 싶어 한다. 우리 청소년들이 이렇게 하지 않는다면 그들은 청소년이 아닐 것이다. 청소년들의 이러한 암중모색은 결국에는 주위 사람들에게 인정받고 싶고 아무 조건 없이 온전히 받아들여지고 싶다는 인간적 동경에 이르게 된다. 오늘날 청소년들에게는 무한한 가능성이 제공되지만, 마음이 쉴 수 있고 가야 할 방향을 가르쳐 줄 든든한 자리를 찾아내는 데 실패하는 청소년도 많다. 이런 상황에서 주위 사람들의 인정을 받을 수 있는 자리를 발견하는 일은 더욱 어려워진다. 끊임없이 새로운 가능성이 제공되기 때문이다. 따라서 청소년들에게 떼제를 방문하겠느냐는 제안도 우선은 실험 삼아 해 보고 싶은 여러 가능성 중 하나로 여겨지는 것이 당연하다.

내가 학교에서 떼제에 대해 소개하면 한 학년에 반 정도가 참가 신청을 한다. 겉으로 보기에 떼제를 방문하자는 제안은 실은 상당히 엄격한 성격을 띤다. 그럼에도 매번 많은 학생이 관심을 보이는 것은 놀랍다. 떼제 방문은 청소년들이 자발적으로 다른 사람들과 다른 교파에 관심을 보일 때, 아무런 편견 없이 떼제에서의 일주일에 다가갈 때만 성공을 거둘 수 있다고 나는 확신한다. 그래서 나는 떼제에 갈 것인가 말 것인가를 학생들의 결정에 맡긴다.

참가 신청을 최종적으로 마감하기 전 떼제를 소개하는 모임에서 나는 떼제 방문이 '파티 이벤트'가 아님을 항상 강조한다. 떼제에 대한 영화 한 편을 보여 주면서 떼제에 가 본 적이 있는 학생들과 나는 참가자들에게 떼제에서 부닥치게 될 외적 상황들에 대해 솔직하게 이야기한다. 내가 처음 떼제에 갔을 때 나를 경악하게 한 모든 것을 오해의 여지가 없도록 분명하게 설명한다. 떼제의 일정을 자기 마음대로 '빼먹는 일'이 없어야 한다는 점도 분명하게 주지시킨다. 하루 세 번의 기도와 성경 공부에 참여해야 하며 각자 해야 할 일이 있다는 떼제 규칙들은 누구나 다 지켜야 한다는 사실을 강조한다. 식사는 집에서 먹는 것보다 보잘것없으며 샤워장과 화장실 시설은 야영장 수준이라는 사실도 세세하게 설명한다. 그러나 어느 누구도 강제로 떼제에 머물 필요는 없다고 강조한다. 자유는 가장 소중한 원칙이다. 떼제로 떠나기 직전 자기가 정말 떼제와의 만남을 원하는지 확신이 서지 않는 사람은 참가를 취소해도 된다.

이런 여러 제약이 붙는 제안은 학생들에게 뭔가 새로운 것, 호기심을 자극하는 비밀에 가득 찬 것으로 여겨질 것이 분명하다. 떼제 같은 곳을 찾고 있는 청소년이 많다고 나는 생각한다. 이러한 제안은 가정에서는 찾아볼 수 없다. 청소년 대부분은 세례와 견진성사를 받기는 했지만 부모에게서 종교적 삶에 대한 가르침을 받는 학생은 극히 적다. 내적으로나 외적으로 종교적 체험을 하는 일, 삶의 의미에 대해 서로 의견을 나누는 가정은 그리 많지 않다.

청소년들은 이 모든 것을 떼제에서 체험하고 경험할 수 있다. 떼제에서 일주일을 보내는 학생들을 볼 때마다 나는 미소 짓곤 한다. 학생들은 여기서 딴사람이 된 것 같다. 토론의 주제도 달라진다. 옷이나 음식, 숙소 같은 외적인 것들은 더 이상 언급되지 않는다. 평소에는 성탄 대축일 아니면 결혼식이나 장례식 같은 가족 행사가 있을 때만 교회나 성당을 찾아가 전례에 참여하는데, 떼제에서는 기도가 절대적으로 우선한다. 학교에서는 무관심하고 방관적 태도를 보이던 학생들이 떼제에서는 청소나 성경 공부에 적극적으로 나선다. 삶의 의미에 대한 여러 물음을 제기하며 이 물음에 대해 몰두해 토론을 하곤 한다. 학교에서는 그런 진지함을 보지 못했다. 떼제에서 일주일을 보내고 돌아온 후에도 어떤 학생들은 계속 학교에서 기도 모임을 하려고 한다. 오늘날 학생들은 많은 가능성과 강제가 노동과 휴식의 자연스러운 리듬을 위협하는 복합적인 사회에서 자라고 있다. 떼제에서 그들은 자신의 신앙에 몰두하고, 새로운 믿음의 경험을 쌓고 믿음의 원천들에 다가갈 가능성들을 충분히 이용할 수 있다. 떼제는 젊은이 모임에 참가한 모든 사람이 수사들의 생활 리듬과 함께할 수 있도록 일과를 짜 놓았다. 이렇게 하여 떼제에서 학생들은 노동과 휴식의 중요한 관계뿐 아니라 마음을 유쾌하게 하는 믿음의 실천도 경험할 수 있게 된다. 청소년들은 수사들의 공동체가 자기들을 있는 그대로 온전히 그리고 진지하게 받아들인다고 느낀다. 바로 이런 이유 때문에 학생들도 떼제 공동체의 관심사를 진지하게 받아들이고 이 관심사가 자기들에게 어떤 의미가 있는지 성실한 자세로 곰곰이 생각해 보는 것 같다.

요약하면, 나는 떼제가 학생들에게 진정한 학습 기회를 제공한다고 본다. 신학자이자 성경 교수법 학자인 호르스트 클라우스 베르크는 '학습 기회'라는 표현을 쓴다. 그는 학습의 목적을 미리 규정짓는 일을 가능한 한 피하려고 한다. "학습 목적을 미리 규정짓는 사람은 자기가 학습할 내용의 핵심을 이미 파악했으며 따라서 학습 과정에서 이 핵심이 지닌 의미를 스스로 규정하겠다고 주장한다."

학생들이 성경과 성경에 대해 배워야 할 내용을 미리 규정하는 일은 베르크의 말에 상응한다. 진정한 '학습 기회'는 학습 과정을 제안하는 사람이 우선 자신을 위해 성경이 인간으로서의 현존과 그리스도인으로서의 현존을 위해 어떤 기회를 준비하고 있는가를 찾아내고 감지해야 함을 전제한다. 이 작업을 마친 후에야 그는 성경이 마련한 이 기회를 학습 기회로 받아들일 수 있다. 그는 학생들이 성경을 읽고 어떤 생각을 할 수 있는가에 대해 생각을 모을 수 있으며 청소년들을 대화로 이끌 계획을 세울 수도 있다. 그런데 이 대화에서는 이 학습 과정이 진행될 수 있을 것인가, 어떤 결과가 나올 것인가, 어떤 방식으로 진행될 것인가가 정해져 있지 않고 열려 있다. 떼제에서의 일주일이 모든 학생의 마음에 들어야 하는 것은 아니라는 사실도 이 학습 기회에 속한다. 떼제를 마음에 들어 하지 않는 사람들이 있을 때 이를 받아들이는 것도 매우 중요하다. 이렇게 해야 청소년들은 자기가 가야 할 방향을 알게 된다. 자기들이 원하지 않는 것이 무엇인지 알아 스스로 한계를 긋고 거리를 둘 수 있다.

 이 책을 준비하는 과정에서 볼프강 수사는 청소년들이 어떤 이유로 자꾸 떼제를 찾아오는지 알고 싶다고 물었다. 결국은 아무도 그 이유를 설명할 수 없다는 것이 내가 지금까지 발견한 가장 적당한 대답이다. 떼제 방문은 한 사람에 대한 사랑과 비슷한 듯하다. 많은 사람 가운데 어째서 한 사람과 사랑에 가득 찬 관계를 맺고 오랫동안 함께 살고 있는지에 대해 많은 것을 설명할 수 있고 여러 가지 이유를 발견할 수는 있다. 그러나 핵심은 설명할 수 없다. 살다 보면 그 핵심에 가까이 다가갈 수 있을지는 모른다. 그러나 볼프강 수사의 물음에 대한 대답은 각 개인이 타인을 신뢰하고 그들 말에 귀를 기울이는 삶을 통해서만 체험될 수 있다고 본다.

떠남과 도착
라인하르트 배더

우리 네 사람은 바덴 주를 떠나 남서쪽을 향해 달렸다. 카트린, 베른트, 발터 그리고 나, 이렇게 네 사람은 그리스도교 청소년 모임에서 이 떼제 여행을 계획했다.

졸업 시험도 끝났고 운전면허증까지 딴 터라 우리는 몹시 들떠 있었다. 우리에게 발터의 낡은 포드 자동차는 '시보레 카브리오'처럼 여겨졌고, 프랑스의 '국도'는 캘리포니아 '1번 해안 도로'로 변했다. 뒷자리에 기타를 싣고 바람에 머리칼을 휘날리며 우리는 목적지인 떼제를 향해 자동차를 몰았다.

떼제 마을과 공동체에 대해 우리는 그저 막연하게만 생각하고 있었다. 어디서 잠을 잘 것인가? 기도는 의무적으로 참석해야 하는가? 떼제 공동체는 어떤 교파에 속하는가? 거기서 새로운 친구를 만나게 될 것인가? 수사들의 견해는 얼마나 근본주의적인가? 샬롱 수르손을 지나자 드디어 '떼제'라고 쓰인 표지판이 나왔다.

그러나 우리는 궁금증을 한참 동안 참아야 했다. 도로 표지판 하나를 못 보고 지나쳤는지 아니면 길 안내가 부족했는지, 지금까지도 그 이유를 모르고 있지만, 어쨌든 떼제에 도착하기 전 마지막 몇 킬로미터를 한참 헤맸다. 마지막에는 떼제로 가려면 정반대 방향으로 가라는 표지판을 지났다. 이렇게 우리는 떼제 주위를 빙빙 돌다가 떼제 공동체의 언덕으로 갔다. 길 양쪽으로 펼쳐진 초원을 보면서 우리는 떼제에 가까이 갈수록 평화롭게 풀을 뜯고 있는 소들의 색깔이 점점 하얘진다는 이야기를 하면서 웃었다.

그림같이 아름답고 잠든 듯 조용하기만 한 떼제 마을을 통과하는 마지막 몇 미터는 커브가 많고 가팔랐다. 일곱 시간이나 자동차를 타고 달린 후 드디어 공동체에 도착했다. 놀라운 일로 가득 찬 새로운 세계를 향해 모험이 시작되었다. 떼제는 우리를 친절하게 맞아 주었다. 도착 신고를 하려고 차례를 기다리며 줄을 서 있는데 상상도 못할 만큼 많은 언어가 들려왔다. 한 책임자가 작업과 행사로 꽉 찬 하루 일과를 설명해 주었다. 우리는 대화 모임에 참석하기로 했다. 공동체를 체험할 수 있는 다른 가능성들도 있었다. 함께 침묵하는 시간, 모든 일이 원활하게 진행되도록 계획하고 조직하는 데 돕는 일 등이 있었다. 그러나 여기에 처음에 온 호기심 많은 우리에게는 대화 모임이 가장 흥미로웠다. 잠잘 곳을 배정받을 때도 상상을 초월하는 일을 겪었다. 긴 야영 텐트가 숙소였는데 남녀의 숙소가 구별되어 있었다. 샤워장과 화장실에 익숙해지려면 한참이 걸릴 것 같았고 마실 수 있는 술의 양은 제한되어 있었다. 식사는 차라리 금식하는 게 나을 것 같다는 생각이 들 정도로 조촐했다. 그래도 우리가 즐거운 마음으로 항상 식사 시간에 맞춰 간 까닭은 줄 서 있는 동안의 분위기 때문이었다. 줄 서서 기다리는 사람들 사이에서도 공동체 정신을 느낄 수 있었고 세계 공동체의 분위기가 느껴졌다.

가장 기대 이상이었던 것은 바로 '화해의 교회'였다. 교회 측면에 있는 무거운 문을 밀고 들어서자 새로운 세계가 열렸다. 바깥에서 내리쬐는 눈부시게 밝은 햇빛과 여름날의 무더위, 분망한 사람들의 소음을 뒤로하고 우리는 경건한 침묵으로 가득 찬 교회로 들어갔다. 아무리 찾아봐도 앉을 만한 의자는 없었다. 대신 무릎을 꿇고 걸터앉을 수 있는 낮은 나무판이 여기저기 놓여 있었다. 바닥에는 양탄자가 깔려 있었다. 우리는 바닥에 앉거나 무릎을 꿇고 앉았다. 제단 주위에 켜져 있는 수많은 작은 촛불의 은은한 빛은 오렌지색 휘장에 반사되어 더욱 따스하게 보였다. 성화 몇 점이 묵상으로 초대하고 있었다.

　교회 옆면의 작은 유리창에는 에릭 수사가 그린 그림들이 강렬한 색을 띠며 빛나고 있었다. 성경 장면을 묘사한 그림들에서 눈을 뗄 수 없었다. 건축물과 건축 양식, 미술에 관심이 많은 나는 그전에도 여러 대성당을 보고 깊은 감명을 받았다. 그러나 이 그림들은 내가 이제까지 보았던 것들과 근본적으로 달랐다. 여기는 거대한 규모로 외경심을 불러일으키지 않으며 피투성이 예수님이 사람들의 마음을 떨리게 하지 않는다. 이 교회는 사람들이 두려움 없이, 신뢰에 가득 찬 마음으로 기도할 수 있도록 배려하며 지은 교회인 것이다.

　우리는 서둘러 교회에 들어가 긴장된 마음으로 떼제에서 처음 참여하는 기도가 시작되길 기다렸다. 수사님이 하나 둘씩 교회로 들어왔다. 그들의 얼굴은 맑았고 지적 개방성이 엿보였다. 인상 깊었다. 로제 원장수사님도 빠른 걸음으로 들어왔다. 입가에는 미소를 띠고 생기 넘치는 눈에는 기쁨이 담겨 있었다. 그에게서는 뭐랄까, 부드러운 단호함 같은 것이 느껴졌다.

한 수사가 노래를 시작했다. 맑은 테너 음성이 새털 같은 가벼움으로 교회를 가득 채웠다. 교회에 모인 사람들은 사성부로 응답송을 불렀다. 수많은 젊은이가 함께 부르는 멜로디가 교회를 생기로 가득 채웠으며 우리 마음을 활짝 열어 주었다. 우리는 여러 멜로디를 더듬거리며 따라 불렀고 우리 목소리가 주위의 낯선 사람들의 목소리와 함께 어우러지는 것을 느끼며 기뻐했다.

선창하는 여자들이 몇몇 노래에 즉흥적인 멜로디를 첨가했는데 이 역시 우리 마음을 행복하게 해 주었다. 곧이어 성경 말씀이 여러 나라 말로 낭독되었다. 다른 나라 말로 낭독되는 동안에 나는 방금 들은 성경 구절에 대해 다시 한 번 생각하고 집중할 수 있었다. 성경 말씀이 봉독된 후에는 한참 동안 침묵했다. 이 침묵의 시간이 공동기도의 핵심이었으며 생각을 모으고 걱정과 기쁨을 하느님 앞에 바칠 수 있는 여유와 평온을 선사해 주었다. 침묵 후에 다시 아름다운 노래들을 불렀다. 끊임없이 반복되는 멜로디는 우리 영혼 깊숙이 스며들었다. 기도가 끝난 후에 "하루에 세 번이나 참석해야 하느냐?"라던 불평 섞인 물음이 "다음 기도 시간은 언제지?"라는 기대에 찬 물음으로 변했다.

이 노래 기도의 비밀은 무엇인가? 대부분의 노래를 작곡한 자크 베르티에는 어떻게 이 노래들에 이런 힘을 부여하는가? 그는 멜로디뿐 아니라 움직임도 작곡할 줄 아는 사람이 아닐까? 떼제 노래의 초기 작품인 「어두운 마음속에」Dans nos obscurités에는 사성부곡이 일단 따뜻한 단조로 깊은 곳에 잠겨 있다가 밝게 빛나는 장조로 넘어 올라간다. 다시 약해져 가라앉다가 긴장된 음으로 마감된다. 마지막 부분은 노래를 반복하지 않을 수 없도록 한다. 기도 노래들의 비밀이 노래(예컨대 「나와 함께」)에 담겨 있는 화성적 긴장에 있는가? 이 긴장은 한 성부에 불협화음이 일어나도 끝까지 음조를 바꾸지 않는 데서 생겨나는 것이다. 이 노래들이 이토록 큰 힘을 지닌 것은 이 노래들을 부르는 사람들과 이 노래가 불리는 장소 때문인가?

지난 몇 년 동안 나는 자주 떼제를 찾아갔다. 마지막으로 떼제를 방문한 2002년에는 아내와 함께했다. 2002년은 내가 떼제에 처음 간 지 꼭 20년이 되는 해였다. 그 세월 동안 떼제의 모습도 많이 달라졌다. 우회 도로가 생겨 마을 사람들이 수많은 떼제 방문객들로 인해 방해받는 일이 없어졌고 교회가 증축되었다. 방문객들을 돌보고 행사를 치르는 모든 일의 경영과 조직이 거의 전문가 수준에 이르렀으며 떼제 상점은 슈퍼마켓과 크게 다르지 않다. 그전에는 수사들이 교회 맨 앞에 나란히 앉았는데 이제는 교회 한가운데, 한 수사가 다른 수사 뒤에 앉는 식으로 참석자들과 가까이 앉게 되었다. 작은 화분들만이 방문객과 수사들의 자리를 구분 지을 뿐이다.

몇 주 전 한 여자가 바로 이 경계를 넘어 로제 수사를 살해했다. 정말 믿기 힘든 일이다. 그러나 나는 떼제가 설립자의 뜻에 따라 살아 있는 공동체로, 독특한 교회로, 아름다운 노래들 안에서 계속 살아 있으리라 믿는다.

사랑의 하느님,
성령을 통해
당신은 언제나 가까이 계십니다.
당신의 현존은 보이지 않지만
당신은 저희 영혼
깊은 곳에 살고 계십니다.
저희가 이를 의식하지 못할 때도
그러하십니다.

                              로제 수사

물음이 제기되는 곳

토마스 자이트리히크로이츠캄프 박사, 「푸블릭포룸」Publik-Forum에 실린 글

떼제는 대답을 얻는 곳이라기보다 물음을 던지는 곳이 아닐까? 수사들은 "떼제에는 이 두 가지가 다 필요합니다" 하고 말한다. 청소년들은 떼제에서 대답을 찾는다. 그러나 대답은 거기에 마련되어 있지 않다. 대답은 예측할 수 없는 일이 일어날 길을 계속 가라고 용기를 북돋아 주는 가운데 주어진다. 떼제에서도 세월은 흐른다.

  1970년대나 1980년대와는 달리 오늘날 젊은이들은 아주 불확실한 미래에 직면해 있다. 이들의 삶은 20년 전의 젊은이보다 훨씬 더 불확실하다. 사회·경제적 발전으로 많은 것이 그전보다 훨씬 빠르게 돌아가고 있다. 놀라운 발견들, 거대한 기술 혁신, 이 모든 것이 발전 속도를 점점 더 빠르게 하고 있는 동시에 그전보다 더 많은 것들을 불확실하게 한다. 이 때문에 수사들은 떼제에 왔다가 집으로 돌아가는 젊은이들이 떼제에서 용기를 얻기를 바란다. 많은 물음이 따라다닐 어려운 길을 그들이 계속 갈 수 있도록 용기를 얻는 일이 매우 중요하다고 여긴다. 떼제가 젊은이들에게 이런 용기를 준다면 이로써 떼제의 한 목표가 이루어지는 셈이다.

시간과 리듬

  떼제 방문객들은 밀물처럼 왔다가 썰물처럼 떠난다. 볼프강 수사는 이렇게 이야기한다. "떼제에서는 주일이 가장 힘든 날입니다. 일

주일 중 가장 부산한 날이지요. 어떤 주일에는 3,000명에서 5,000명에 이르는 방문객이 떼제를 떠나고 새로운 방문객 5,000명 정도 도착합니다. 새로 온 사람들은 우선 떼제의 사정에 익숙해져야 합니다." 주일마다 수천 명을 맞이하는 일은 정말 힘든 일이다. 일주일 모임을 주관할 소임을 맡은 공동체 수사들과 전 세계에서 온 자원 봉사자들이 주일마다 이 힘든 작업을 능숙하게 처리하고 있다.

수사들은 말한다. "방문객은 일주일 동안 천천히 적응해야 합니다. 적응하는 데 2~3일 정도 걸리지요. 오후 2시, 점심 식사 시간과 대화 모임 사이에 기도 시간에 부를 노래를 연습할 수 있습니다."

하루 일정은 늘 8시 20분에 열리는 아침기도와 함께 시작된다. 바삐 서둘지 않아도 될 느지막한 시간이다. 아침기도는 지난 수년 동안 조금씩 늦춰졌다. 그전에는 7시 30분에 시작되었는데 지금은 가능한 한 모든 사람이 참석할 수 있도록 거의 한 시간 늦게 시작된다. 아침기도 후에 아침 식사가 있고 10시부터는 공동체 수사들이 지도하는 성경 공부가 시작된다. 그 외에도 크게 세 주제 아래 진행되는 프로그램도 있다. 방문객은 떼제에 도착하는 날 한 가지 주제를 선택해 일주일 동안 이 주제에 대해 집중적으로 사색하고 대화를 나눈다. 이 프로그램은 일상의 과제, 예를 들어 교회 바닥 청소, 설거지, 자치 오약Oyak에서 하는 일과 병행할 수 있다. 소그룹 모임은 오후에 가진다. 저녁기도는 8시 30분에 시작된다.

방문객들을 위한 떼제의 한 해는 2월 말, 자기들이 사는 곳에서 열리는 떠들썩한 사육제 행사들을 피해 떼제로 '도망 온 사람들'과 함께 시작된다. 매년 연말연시 유럽의 대도시에서 열리는 '유럽 젊은이 모임'을 마치고 떼제로 돌아온 수사들은 한 해의 주일 모임이 시작되는 2월 말까지 약 한 달 동안 모든 것을 준비한다.

사육제 즈음에는 수백 명이, 그 후 부활 대축일과 성령 강림 대축일 방학 때는 수천 명이 온다. 여름 내내 규모가 큰 일주일 모임이 쉬지 않고 열린다. 한여름에는 일주일에 6,000여 명이 떼제에 머물기도 한다. 9월이 되면 방문객 수가 줄어든다. 이 시기에 몇몇 수사는 다음 유럽 모임이 열릴 도시로 떠난다. 다른 수사들은 11월 초까지 일주일 모임을 돌본다. 이렇게 늘 방문객이 많지만 떼제는 고요함을 잃지 않는다. 침묵을 위한 잔디밭이 따로 있으며 침묵 피정을 하며 일주일을 보낼 수 있다. 그리고 떼제 곳곳에서 오래된 나무들과 울타리로 가꾸어진 조용한 시골 풍경을 만날 수 있다.

침묵하며 보낸 떼제에서의 일주일*

'두려워 말라. 걱정을 말라. 주님 계시니 아쉬움 없네'(Nada te turbe nada te espante quien a Dios tiene nada te falta). 하느님만으로 족하다. 이른 아침, 5시도 되지 않았다. 마음속에서 「두려워 말라」가 들려온다. 로제 수사의 모습이 눈앞에 다가온다. 한 손으로 젊은 수사의 옷자락을 잡고 어린이들에 둘러싸여 교회를 떠나는 모습이 보인다. 수사들이 그의 뒤를 따른다. 로제 수사와 어린이들, 나이 든 사람의

---

* 이 글은 Wunibald Müller, *Dein Lied erklingt in mir. Der göttliche Funken von Taizé*, Würzburg: Echter Verlag 2003을 참조했다.

평정과 희망으로 가득 찬 어린이들의 마음이 하나를 이루고 있다.

내가 어린이처럼 되고 나이 든 로제 수사처럼 될 때, 원초적 신뢰, 즉 하느님에 대한 신뢰로 "하느님만으로 족하다. 그분이 나의 토대이시다. 하느님, 당신은 제 희망의 토대이십니다"라고 말할 수 있을 때 나도 이 평정과 희망으로 가득 찬 마음을 얻을 수 있을 것이다. 내가 이를 이루면 나를 꼼짝 못하게 하고 내게 걱정을 안겨주며 나를 두려워하게 하는 모든 것이 부서져 버린다. 이 모든 것은 더 이상 내 목을 조르지 않는다. 그러면 나의 토대이신 하느님을 알아볼 수 있게 된다. 그분은 나를 잡아당기는 모든 것보다 강하시다. 하느님에 근거한 이 근본적 신뢰는 모든 두려움과 어려움을 꿰뚫고 길을 만들어 삶이 계속되도록 해 준다. 그리하여 나는 숨 쉴 공기와 움직일 자유를 얻고 앞으로 나아갈 수 있으며 뛰어오를 수 있다. 피에르 슈츠가 자기식으로 바꿔 쓴 시편 한 편이 떠오른다.

> 하느님,
> 당신은 제 희망의 토대이십니다.
> 당신은 이 신비로서 제 안에 살고 계십니다.
> 의심과 흔들림의 날들이 닥쳐와
> 많은 것이 삶의 큰 거짓말처럼 여겨질지라도
> 저는 신뢰에 가득 찬 마음으로
> 토대에 다가가려고 애써 봅니다.
> 당신은 이런 흔들림을 통해

저를 삶의 원천으로 인도하실 것입니다.
그리하여 제 안에서
약함과 무기력도 존재할 수 있게 하십시오.
제게는 부족한 것이 없게 될 것입니다.
저는 당신 안에서 새로운 안식처를 발견합니다.

'오라, 주님께 노래하자. 오라, 주님을 경배하자'(Venite exultemus domino, venite adoremus). 내 영혼이 이를 기억하려는 듯 내 마음속에서 이 멜로디가 울려 퍼진다. 「오라, 주님께 노래하자」, 이 멜로디가 그냥 내 마음속에 들어왔다. 영혼이 미리 알고 나를 위해 이 노래를 부른다. 시편 말씀이 내 마음을 저 깊은 곳까지 온전히 채울 수 있다는 사실을 나는 아직 단 한 번도 깨달은 적이 없으며 체험한 적도 없다. 나는 시편을 즐겨 읽으며 가슴으로 기도한다. 하지만 시편 한 구절이 내 마음속에 이토록 깊이 자리 잡고 여운을 남기는 경우를, 내 마음이 시편의 말씀들로 가득 차 있다는 느낌을 나는 이제까지 경험해 본 적이 없다. 지금 내 마음속에서 울려 퍼지는 「오라, 주님께 노래하자」에 귀 기울여 들으면 나는 내 영혼이 노래하고 있음을, 내 귀에 들리는 것은 내 영혼의 노래임을 알 수 있다. 내 영혼이 온화하게, 열렬하게, 순수하게, 어떤 의도나 조건 없이 나의 하느님을 향해 환호하고 경배한다.

나의 하느님을 향해 지금 환호하고 있는 것은 나의 가장 내밀한 것 자체, 나의 순수한 존재다. 내가 찬양하고 찬송할 때 나를 따라

오는 한 마리 새처럼 내 존재는 아무런 꾸밈 없이, 자유롭게 하느님을 향해 환호한다. 내 안의 베일이 벗겨지고 있음을, 좁은 것이 넓어지고 있음을, 슬픔이 사라지고 조용한 기쁨이 마음속에서 퍼져 나가고 있음을 느낀다. 멜로디는 사라졌지만 기쁨은 남아 있다.

떼제는 친절한 곳이다. 여기서는 사람들이 서로 짧지만 호의에 찬 눈길을 주고받는다. 침묵 피정을 하고 있는 나는 사람들과의 대화는 피한다. 떼제 수사와 만날 때만 대화를 나눈다. 하지만 같은 침묵 피정에 참가한 사람들이 주고받는 눈길은 매우 의미심장하며 대화 이상의 것이다. 대화보다 더 밀도 있고 친근하다.

며칠 전 떼제 근처를 산책하다가 길에서 많은 사람과 마주쳤다. 그중에는 어린이들도 꽤 있었다. 그들은 떼제 마을 주민도 아니었고 떼제 공동체의 방문객도 아니었다. 그런데 그들은 내게 친절하게 "안녕하세요?"라고 인사를 건넸다. 떼제에서는 방문객들이 서로 깊은 연대감을 가지고 있다. 교회에서 함께 기도하고 노래하는 일이 우리를 이렇게 가깝게 해 주었다. 노래를 부르며 교회에서 나갈 때도 이 연대감은 계속된다. '평화를 주소서. 당신의 평화를 우리 모두에게'(Da pacem, domine, da pacem, domine, o Christe, in diebus nostris).

나는 아침기도 시간에 똑같은 멜로디를 내 영혼의 바닥에 이르러 머무를 때까지 반복해서 부른다. 내 마음속의 가장 내밀한 곳이 움직이기 시작한다. 심하게 흔들리기까지 한다. 그리하여 그동안 억눌렀던 눈물을 터뜨릴 용기를 얻는다. "평화를 주소서, 제 영혼에, 가끔은 초라한 제 영혼에 평화를 주소서. 모든 체념, 쓰라림, 절망을 거슬러 저희에게 평화를 주소서." 그리고 나는 다시금 떼제 노래들이 우리 영혼 깊숙한 곳에 미치는 효과를 느낀다. 이 노래들은 영혼의 문을 활짝 열 수 있는 힘을 지니고 있다. 우리 영혼이 이 노래들에 완전히 사로잡혔다. 이 노래들에서 영혼은 자신을 되찾고 있으며 그 안에서 자신을 표현할 수 있다. 영혼은 이 노래들 안에 우리 마음을 움직이고 우리에게 자신을 알릴 기회가 있음을 알고 있다. 영혼은 이 노래들 안에서 자신이 느껴질 수 있고 경험될 수 있다는 것을 안다.

'화해의 교회'를 나와서 '침묵의 집'으로 가는 길에 갑자기 이런 생각이 나를 사로잡는다. "하느님, 당신께서 계십니다. 지금 여기 제게 와 계십니다. 당신은 정말 여기 계십니다." 그러면서 나는 이른바 '스승'이라는 사람들을 생각한다. 그들을 생각하자 분노가 약간 치민다. 그들은 이런 식으로 하느님, 나의 하느님이신 당신과 이야기하기를 몹시 꺼려할 것이다. 하느님을 당신이라 부르며 당신 앞에 마주 서는 일을 그들은 거부할 것이다. 나는 그들이 그들 방식으로 하느님을 체험하는 것에 대해 왈가왈부하지 않는다. 그러나 진리가 무엇인지 남들에게 가르쳐야 한다고 여기며 남들이 하는 하느님 체험과 하느님과의 만남을 용납하려 하지 않거나 혹은 잘못된 것이라고 하는 그들의 교만을 거부한다. 그들에게는 넉넉한 어진 마음과 겸손이 없다. 하느님에 대해, 하느님과의 만남에 대해 다른 사람보다 조금도 더 많이 알고 있지 않다는 겸허함이 없다.

하루 세 번 줄 서기

'화해의 교회'와 종탑 옆에 있는 부엌 사이에는 길고 넓은 광장이 있다. 여름이면 매일 이 광장에서 배식을 받기 위해 사람들이 줄을 서서 기다린다. 이 줄은 길면 600미터까지 이른다. 어떤 때는 4,000여 명에 달하는 사람들이 줄을 선다. 줄을 서서 기다리는 사람들 사이에서는 즐겁고 느긋한 분위기가 넘친다. 온갖 언어로 이야기하는 소리, 웃음소리, 노랫소리가 명랑하게 울려 퍼진다.

점심과 저녁 식사 때는 포크와 칼은 없고 숟가락 하나만 준다. 숟가락 하나면 준비할 때나 설거지할 때 일이 많이 줄기 때문이다. 수년 전부터 젊은이 모임을 주관하는 한 수사는 이렇게 말한다. "떼제의 부엌은 작은 기적이나 다름없습니다. 부엌일은 젊은이들이 맡아서 꾸려 가고 있습니다. 부엌을 책임지고 있는 사람들은 몇 달 혹은 일 년간 떼제에서 일하는 자원 봉사자들입니다. 이 자원 봉사자들을 중심으로 일주일 동안 부엌일을 돕겠다고 나서는 젊은이들이 식사 배급을 맡는 등 여러 일을 하고 있습니다. 떼제에 도착하자마자 소매를 걷어붙이고 나서서 부엌일을 돕는 젊은이들을 볼 때마다 깊은 인상을 받곤 합니다. 떼제는 거의 모든 사람이 도울 마음 자세가 되어 있기 때문에 제대로 돌아가고 있습니다. 모두 열린 마음을 지니고 있기에 그전에 단 한 번도 떼제에 와 본 적이 없고 혹은 온 지 하루밖에 안 된 젊은이들이 걸레질하거나 청소기로 교회 바닥을 청소합니다. 다들 이렇게 자기 일처럼 여기고 돕기 때문에 떼제에 처음 오는 사람들이 떼제를 자신들의 자리로 만드는 것입니다.

떼제에는 방문객들을 위해 따로 고용된 사람이 없습니다. 방문객들이 필요한 모든 일을 함께합니다. 그래서 모든 일이 간단하게 진행됩니다. 그래야 돕는 사람들이 떼제에서 보내는 일주일 동안 자신을 위해 많은 시간, 예컨대 자신만의 문제들에 대해 사색할 시간, 성경을 읽을 시간, 침묵할 시간을 가질 수 있습니다."

화해의 교회

'화해의 교회'는 1960년대 초에 지어졌다. 곧 교회가 너무 작다는 것이 분명해졌다. "그래서 교회 앞쪽 벽을 뜯어냈습니다"라고 어느 수사가 말했다. 당시 수사들은 "방문객이 너무 많으니 이제 더 이상 받아들일 수 없습니다" 하고 거절할 수도 있었다. 그러나 수사들은 다른 결정을 내렸다. 이 결정은 그들이 어떠한 공동체로 살고자 하는지 말해 주는 표징이기도 했다. "교회 앞부분에 석양빛을 받던 큰 유리창이 있었어요. 그러나 우리는 이 벽을 허물고 내리닫이 문을 달았습니다. 부활 대축일 전과 여름철에는 큰 서커스 천막을 교회에 잇대어 세웠습니다. 서커스 천막과 교회라는 놀라운 조합 안에서 15년 동안 우리를 찾아온 젊은이들과 함께 기도했습니다. 그런데 두 번이나 아주 심한 폭풍이 닥쳤습니다. 천막이 완전히 망가졌어요. 그때마다 천막을 사려면 경비가 너무 많이 들어서 폭풍에도 끄떡없게 교회를 확장하자고 결정했습니다. 우리는 조립식 건축 자재를 써서 교회를 확장했어요. 이것도 '임시방편'이었지요. 그러나 이런 방법으로 상황에 따라 교회를 크게 혹은 작게 할 수 있습니다. 계절에 따라 다르게, 그때마다 최선의 방법으로 젊은이들을 받아들일 수 있어요. 이때도 '우리는 현대가 던지는 도전을 받아들이고 발견하고자 한다'는 사실을 분명히 해야 합니다. 현 시대가 작은 우리 공동체에게 어떤 도전을 주고 있는지 우리는 늘 새롭게 발견하고자 합니다. 25개국이 넘는 나라 출신의 수사들은 100명 정도 됩니다. 그중 삼분의 일이 떼제에 살지 않고 방글라데시, 한국, 아주 가난한 브라질 동북부 지역의 작은 공동체에서 살고 있습니다.

이슬람 국가인 세네갈에도 작은 떼제 공동체가 있습니다. 이 모든 것은 우리가 세상을 피해 떼제에서 숨어 살고 싶지 않다는 것을 보여 주는 표징입니다. 우리는 삶의 현장에 있고자 합니다. 현대가 주는 물음들에 마음을 열어 놓고 싶습니다. 길을 가고 있는 그리스도인들의 작은 표징을 살아 내고 있습니다. 오늘날 사회와 교회에서 제기되는 많은 물음에 대한 해결책을 우리가 발견했다고 생각하지 않습니다. 전혀 그렇지 않습니다. 우리는 계속 길을 갈 뿐입니다. 그리고 우리에게 오는 모든 사람은 우리가 그들을 기꺼이 받아들인다는 것을 느껴야 할 것입니다. 우리와 함께 길을 가자고 그들에게 청한다는 사실을 그들은 알아야 합니다. '화해의 교회'를 '임시방편'으로 지은 것도 이를 반영합니다."

'화해의 교회'에서

떼제에 있는 모든 사람은 하루 세 번 여기에 모인다. 떼제의 삶의 핵심은 '화해의 교회'에서 드리는 공동기도다! 로제 수사가 오래전에 혼자 기도를 시작했고 그 후 수사들이 그를 따랐으며 지금은 수많은 방문객이 찾아온다. 하루 세 번의 기도는 기둥과 같다. 고정되어 굳지 않고 늘 생동하려면 든든한 기둥이 필요하다. 기도에 참여하는 사람들의 다양성부터 놀랍다. 다른 교파, 다른 나라, 다른 대륙에서 온 사람들이다. 깊은 신앙을 지닌 사람이 있는가 하면 "믿음이 내게 무엇을 의미하는가?"라고 자문하면서 답을 찾고 있는 사람도 있다. 베를린 장벽이 무너지기 전 동독에 사는 '비그리스도인' 젊은이들이 오늘날 떼제를 찾아오고 있는데 바로 이 젊은이들이 믿음의 의미에 대해 묻고 있다. 다음 글이 이를 분명하게 해 준다.

마르티나 이플란트, 마르틴 키르체더, 프리데리케 렌크의 글

  작센안할트 주의 한 김나지움이 주선해 떼제를 방문한다는 것은 상당히 특별한 경우다. 이 학교가 잘레 강 가에 있는 할레라는 도시에 있다는 사실을 고려할 때 더욱 그렇다. 이 도시 시민 중 14퍼센트만 그리스도교와 밀접한 관계를 맺고 있다. 그럼에도 이 학교에는 각 학년마다 개신교와 가톨릭 과목이 개설되어 있다. 이 과목들의 성적이 나쁘면 낙제할 수도 있다. 각 종교 과목을 선택한 학생 대다수는 교파적 혹은 종교적 배경이 없다. 그럼에도 그들은 종교에 관심이 있으며 종교에 대한 지식을 얻고 종교적 체험을 하고 싶어 한다. 교사들은 바로 이 종교적 체험을 원하는 학생들을 데리고 떼제를 찾아온다. 떼제에서 학생들은 학교 종교 수업 시간에 듣고 배운 것들을 구체적으로 체험하며 이해할 수 있게 된다.

하느님을 믿지도 않으며 어떤 종교와도 내적 관계를 맺고 있지 않다고 말하는 젊은이들이 어떻게 떼제를 찾아올 생각을 하게 되는가? 사람들이 떼제라는 곳이 있고, 떼제는 전 세계 젊은이들이 찾아와 전혀 다른 분위기에서 만나는 장소라는 사실을 이야기하기 때문이다. 젊은이들은 떼제에 오기 전에 여러 번 만나서 떼제에서의 일주일을 준비하며 호기심에 가득 찬다. 몇몇 젊은이는 떼제로 떠나기 전에 떼제가 실은 그들이 가고 싶어 하던 그런 곳이 아니라는 사실을 깨닫기도 한다. 그럼에도 따라오는 젊은이들은 첫 기도 시간인 토요일 저녁 촛불 기도에서 떼제에 '완전히 도착'하게 된다.

학생들은 떼제에서 받은 인상들에 대해 생각해 본 뒤 많은 질문을 던진다. "기도할 때 무엇을 생각하고 느껴야 하나요?" "아침에 받는 성찬을 왜 성만찬이라고 부르나요?" "성체는 무엇이며 무슨 의미가 있나요?" "노래를 같이 부르면 종교적인 사람인가요?" "성찬례에 참여하시는 걸 보았어요. 성체를 받을 때 마음속에서 어떤 일이 일어나나요? 무엇을 믿으세요?" "침묵하며 기도할 때 모든 사람이 다 똑같은 기도를 하나요?" "수사님들이 특별히 경건해 보이지 않아요. 실은 경건해야 하는 거 아닌가요?" "믿음을 배워 익힐 수 있을까요?" "세례를 받아야 할지 결정을 못 내리겠어요. 시험 삼아 해 보고 싶은데 그래도 되나요?" 이런 물음들과 인간 실존에 대한 물음들이 떼제 특유의 분위기에서 쏟아져 나온다. 젊은이들에게 이런 지식보다 훨씬 더 중요한 것은, 어른이 아닌 젊은이들에게 맞추어진 곳에서 전 세계 젊은이 그리고 어른들과 함께 대화할 기회를 갖는다는 것이다. 아무 거리낌 없이 서로를 받아들이는 일, 젊은이 모임을 책임지고 이끌어 가는 일은 자립하고자 하는 그들의 요구와 잘 들어맞는다.

떼제의 단순한 생활과 조용한 주위 환경이 젊은이들의 마음을 열어 준다고 생각한다. 거기다가 자기가 맡은 일이 꼭 필요하다는 생각이 더해진다. 명상적인 노래들과 함께하는 기도 시간의 독특한 분위기, 수많은 사람이 이루는 고요, 새로운 경험인 평온과 사색, 기도에 참여한 사람들의 자세, 이 모든 것이 겉으로는 종교와 무관해 보이는 젊은이들에게는 새로운 경험이다. 그들은 교회라는 제도의 테두리 바깥에서 이 모든 것을 경험한다. 젊은이들은 기도와 침묵, 기쁨, 자유를 즐긴다. 떼제에 도착한 후 제기하는 단순한 지식을 요구하던 물음들이 서서히 진정한 의미를 묻는 물음들로 바뀐다. 교사들이 직접 '현장'에 와서 학생들과 함께 시간을 보내고 교사 자신의 신앙에 대한 학생들의 물음들을 기꺼이 받아들여 대답하는 일이 중요하다. 그래야 우리 학생들은 '도착한 사람들'로서가 아니라 '찾는 사람들'로서 떼제를 떠나 집으로 돌아간다.

일주일이 막바지에 다다랐을 때, 젊은이들의 대화를 들어 보면 신앙에 대한 그들의 자세가 훨씬 개방되었다는 점이 분명하게 눈에 띈다. 젊은이들은 떼제에 다시 오고 싶다거나 침묵과 고요의 경험들을 일상생활에도 적용하고 싶다는 바람을 이야기한다. 좀 더 나이가 많은 학생들은 프랑스에서 휴가를 보낼 때 "당연히 떼제에 들렀다 간다"고 이야기한다.

이콘과 십자가

　언제부터 이콘이 떼제에 있게 되었는가? 로제 수사는 공동체를 세우고 곧 '우정의 이콘'을 세워 놓았다. 이 이콘은 '화해의 교회' 왼편, 로제 수사가 늘 앉던 자리에 세워져 있다. 이 이콘은 6세기 이집트에서 그려진 아주 오래된 이콘의 본사본이다.

　이 이콘의 원제는 「친구와 함께 계시는 그리스도」다. 눈과 머리가 상당히 크게 그려져 있는 이콘은 전형적인 이집트 화풍이다. 두 얼굴은 뭔가 기대에 가득 찬 표정이다. 이 이콘에서 가장 중요한 것은 그리스도가 친구와 동행하신다는 것이다. 그분은 팔로 친구의 어깨를 감싸 안고 친구와 함께 길을 가신다. 떼제의 수사들과 마찬가지로 우리도 그리스도가 우리 삶 가운데서 우리의 친구가 되어 주시길 바란다. 수사들은 떼제를 찾아오는 모든 사람에게 그리스도는 비록 눈에 보이지 않아도 우리와 동행하신다는 것, 그분은 한 사람 한 사람과 함께 길을 가신다는 것을 말하고자 한다. 이콘들은 큰 '화해의 교회' 안에서 여러 기도 장소를 표시해 주고 있다. 이콘은 성경 말씀과 같다. 묵상하라고, 머물러서 보고 기도하라고 청한다. 독서대 옆 이콘은 성령 강림을 묘사하고 있는데 사도들이 성령을 기다리는 모습과 불꽃이 그려져 있다. 교회 앞쪽 십자가 이콘 옆에는 예수 그리스도의 부활을 담은 이콘이 세워져 있다. 이 이콘에서는 그리스도께서 십자가 모양으로 된, 부서진 지옥문 위에 서 계시는 모습을 볼 수 있다. 자세히 보면 못과 고문 도구들이 널려 있는 것이 보인다. 그리스도는 아담과 하와, 즉 모든 인간의 손을 잡고 계신다. 여기에 깊은 진리가 있다. 그리스도는 모든 사람의 손을 잡아 주시며 그들을 자유롭게 해 주시려 하신다는 사실이다.

교회 안에 있는 마리아 이콘은 공동체 초창기인 1950년대에 에릭 수사가 그린 것이다. 1960년대 초, 당시 레닌그라드의 러시아 정교회 니코딤 총주교가 다행히도 출국 허가를 받아 떼제에 와서 긴 기도와 함께 이 이콘을 봉헌했다. 이 이콘은 러시아와의 친교의 표시였다. 알로이스 수사는 이렇게 말한다. "이콘은 우리에게 항상 중요했습니다. 이콘은 우리가 동방정교회와 깊은 연대감을 느끼고 있다는 사실을 표현해 주기도 합니다. 1970년대부터 금요일 저녁마다 십자가 이콘 앞에서 기도를 올립니다. 이때 십자가를 바닥에 내려놓지요. 그러면 원하는 사람은 십자가 앞에 다가가 잠깐 십자가를 어루만져도 됩니다. 우리 공동체에서 십자가는 고난의 상징이기보다 부활과 고난의 극복을 상징합니다. 우리를 위한 희망의 상징인 셈이지요. 개인이 지고 있는 짐과 온 세상 모든 사람이 짊어진 고난을 우리는 그리스도에게 가져와서 내려놓을 수 있습니다."

에릭 수사는 이 십자가 이콘을 아시시의 프란치스코의 십자가를 본보기로 삼아 그렸다. 이 십자가 이콘은 일주일 내내 교회 앞 성가대 자리의 오른쪽에 세워져 있다. 이 이콘은 부활을 상징한다. 십자가 아래에는 마리아와 요한이 서 있다.

매주 토요일 저녁 교회에서 수많은 촛불과 함께 부활 예식이 열린다. 촛불은 한 사람에게서 다른 사람에게로 전해진다. 하나 둘씩 켜지는 촛불이 큰 교회를 가득 채운다. 떼제는 고난의 신비가 강조되는 곳이 아니라 부활을 향한 희망이 넘치는 곳이다. 주일은 부활의 잔칫날이다! 십자가 옆에서 올리는 금요일 기도로부터 시작된 잔치는 주일 부활 예식까지 계속된다. 누구나 다 촛불을 하나씩 받는다. 여기서도 누가 '더 갖느냐, 덜 갖느냐'는 문제 되지 않는다. 각자에게 단 하나의 빛이 주어질 뿐이다.

십자가에 달린 네 개의 심장

　교회 안 성가대 자리에는 단철로 된 십자가가 서 있다. 이 십자가는 사람을 압도하듯 거대하지 않고 오히려 삼가는 듯 조심스럽다. 십자가의 네 끝 부분은 심장의 모습을 하고 있다. 이는 십자가가 사랑의 표현임을 분명하게 하기 위해서다. 이 십자가는 보는 사람을 몰아세우거나 무겁게 내리치지 않는다.

　단색으로 된 수수한 양탄자만 깔려 있는 이 '화해의 교회'는 모든 사람에게 온몸으로 기도하자고 초대하고 있다. 톨프강 수사는 가끔은 말보다 몸짓으로 마음을 표현하기가 쉬울 때가 있다고 말한다. "인간 관계, 친구 관계에서도 마찬가지입니다. … 우정은 말뿐 아니라 몸짓으로도 유지되는 것입니다. 우리와 하느님과의 관계에서도 몸짓이 중요합니다." 몸짓이 말보다 덜 중요한가? 그렇지 않다. 몸짓은 말처럼 많은 것을 표현한다. 몸짓은 다시 무언가를 말로 표현할 수 있도록 해 준다. 거꾸로, 내뱉은 말은 구체적인 삶에서 온몸으로 표출하라고 요구한다. 우리에게는 이 둘이 다 필요하다. 떼제에서는 이를 발견하고 느낄 수 있다.

밤낮으로 열려 있는 교회

로마네스크 양식으로 지어진 떼제 마을 성당은 고요가 자리 잡고 있는 장소다. 마을 성당과 '화해의 교회'는 밤낮으로 열려 있다. 이 두 곳은 잠기는 법이 없다. 밤에도 잠시 기도하고 싶은 사람들이 찾아오기 때문이다. 큰 '화해의 교회'는 낮에 수많은 사람으로 가득 차 있다. 이와는 반대로 마을 성당은 시간이 멈춘 듯하다. 성당 안에서는 늘 초와 놋쇠 냄새가 난다.

로제 수사의 죽음 이후 마을 성당을 찾아오는 사람이 늘었다. 그의 무덤은 성당 앞에 있다. 무덤은 항상 싱싱한 꽃으로 뒤덮여 있고 사람들은 잠깐 무덤가에서 머물다 가곤 한다.

몇 분의 침묵

떼제를 찾아오는 사람들은 그렇게 많은 젊은이가 하루 세 번 기도에 참석하여 매번 10분 정도 침묵하는 것을 보고 놀라곤 한다. 함께 지키는 이 침묵의 힘은 한 사람에게서 다른 사람에게로 옮아간다. 신앙의 위기 속에 살고 있는 현대인에게는 바로 이 힘이 필요하다. 여러 사회와 국가에 사는 우리는 교파의 구별이 없어지고 교회의 영향력이 약해지는 시대, 이에 상응하는 신앙의 자세가 요구되는 시대 속에 있다. 이 때문에 젊은이들뿐 아니라 어른들도 떼제에서 자기가 서야 할 자리를 찾고 있다. 여기서 그들은 구체적인 삶에서 실현되는 신뢰와 어진 마음, 희망을 발견하고 있다.

하느님이 가까이 계심을 느꼈다
클라우스 리트

떼제에 대한 기억은 아주 오래전으로 거슬러 올라간다. 내 첫 차인 낡은 '르노'를 산 지 얼마 되지 않아서였다. 저금한 돈을 다 털어 자동차를 샀지만 그래도 휴가는 가야 할 것 아닌가? 가장 가고 싶었던 곳은 프랑스였고 돈이 적게 드는 곳을 택해야 했다. 친구들에게 싸게 휴가를 보낼 곳을 아느냐고 물었다. 한 친구가 프랑스 부르고뉴에 있는 작은 마을 떼제에 대해 이야기해 주었다. 거기서는 돈을 거의 내지 않고 숙박할 수 있으며 전 세계에서 온 젊은이들을 만날 수 있고 느긋하게 지낼 수 있다고 했다. 친구의 말에 마음이 끌린 나는 난생 처음으로 떼제를 찾아갔다.

떼제에 대한 친구의 설명은 거의 맞았다. 그러면서도 떼제에는 다른 무언가가 더 있었다. 어쨌든 나는 다른 다섯 명과 6인용 텐트를 배정받았다. 이렇게 나의 떼제 체험이 시작되었다. 처음에 나는 상당히 화가 났다. 텐트를 같이 쓰는 오스트리아 사람이 장광설을 늘어놓았기 때문이다. 그는 듣는 사람이 원하든 말든 상관없이 세상사에 대해 그리고 떼제에 대해 끊임없이 떠들어 댔다. 우리는 그가 늘어놓는, '떼제 전문가'나 알 듯한 정보에 점점 기가 죽어 아무 말도 못하고 듣고만 있었다.

그러나 곧 우리 텐트는 놀라울 만큼 차분해졌고 나도 마음이 점점 편안해졌다. 나는 첫 기도 시간을 기쁨과 호기심에 가득 차 기다리고 있었다. 집에서 주일 아침 9시 30분에 예배를 보러 가는 게 싫었던 나는 저녁에 기도하러 갈 수 있는 게 너무 좋았다. 같이 부를 수 있는 쉬운 노래들은 아름다웠다. 온화한 빛을 발하는 촛불들은 따뜻했다. 진지한 자세로 자기가 가야 할 방향을 찾는 젊은이들의 모습에 깊은 인상을 받았다. 수사들의 흰 수도복은 경쾌함과 친근함을 더해 주었다. 나는 숭고하고 진지한 무엇이 여기에 있음을 느꼈다. 나는 떼제에 완전히 매료되었다. 적은 돈으로 하룻밤을 친절한 사람들과 보내다 떠나겠다는 계획을 바꿔 사흘이나 떼제에 머물렀다. 이 사흘이 떼제에서 보낸 시간의 전부는 아니었다.

  2년 후 나는 다시 떼제를 찾았다. 이번에는 휴가가 아니었다. 침묵과 평온을 찾고 싶었고 나와 뜻을 같이하는 사람들과 만나길 바랐다. 이번에는 마음의 준비가 되어 있었다. 떼제로 가는 길에 나는 클뤼니 수도원에 들렀다. 빛과 그림자의 유희, 수도원을 둘러싼 평온과 한적함이 내 마음을 사로잡았다. 이번에 떼제는 내게 전혀 다른 것을 주었다. 사람들과의 집중적인 만남이었다. 내가 몸으로 느낀 신앙 체험은 거짓된 경건함 없이 더욱 깊어졌다. 나는 노래와 기도가 지닌 단순함의 진정한 근원을 찾아내려고 애쓰면서도 그냥 같이 기도하고 따라 부르기만 해도 좋다는 사실을 거듭 체험했다.

  떼제에는 개신교와 가톨릭, 개혁 교회와 정교회의 구별이 없었다. 떼제에는 세계 여러 나라에서 와서 무엇인가를 기대하고, 무엇인가를 깨달아 집으로 가져가고 싶어 하는 젊은이들만 있을 뿐이었다. 어떤 교파에 속하느냐는 전혀 중요하지 않았다. 한계를 긋고 선을 긋는 일은 더 이상 필요가 없었다. 우리는 다른 차원에서 서로를 이해하고자 했다. 모든 것이 쉽고 간단하게 여겨졌다. 믿음은 어려운 문제가 아니라 함께 발견해야 할 것이었다. 언어의 차이는 의사소통에 장애가 되지 않았고 이 국제적 만남을 더 다채롭게 해 주었다. 우리가 그때 서로 무엇을 이해했는지, 지금은 기억나지 않는다. 많은 것을 이해한 건 아니었다. 그러나 당시 우리는 교파의 구별 없이 친교가 가능하다는 것과 이것이 그동안 많은 사람이 여러 차례 보여 주고자 했던 것보다 훨씬 더 간단하다는 것을 느꼈다.

떼제를 두 번째 찾아간 후 나는 '교파를 초월한 친교와 화해'라는 주제를 그만 잊어버리고 말았다. 일상의 일들에 바빴고 대학 공부에도 전념해야 했다. 독립하여 스스로 생활을 꾸려 갈 때가 된 것이다. 그런데 대학 공부를 마칠 즈음 한 목사님이 관심 있는 사람들은 바르셀로나에서 열리는 떼제 젊은이 모임에 가지 않겠느냐고 물었다. 우리는 기차를 타고 카탈루냐 주의 주도인 바르셀로나를 향해 먼 길을 떠났다. 이번에도 나는 떼제를 또 다르게 체험했다. 무엇보다도 이 큰 행사를 계획·조직하고 실행한 떼제의 능력에 놀랐다.

수십만 명이 그 큰 대도시에서 한 사람도 빠짐없이 숙소를 찾은 것은 감탄할 일이었다. 어떻게 이런 일이 가능했을까? 내게 숙소를 제공한 가족은 이 세상에 가톨릭 이외에 다른 교파가 있다는 사실조차 몰랐고 생전 처음으로 개신교 신자의 얼굴을 직접 본 사람들이었다. 이 가족은 나를 친절하게 대해 주었다. 이를 어떻게 설명해야 할까? 노래하며 기도하는 젊은이들이 이 도시를 '정복'한 모습은 참으로 인상 깊었다. 이를 보면서 나는 민족 간의 대화가 정말 가능할 것 같다는 생각이 들었다. 바벨탑 이후 서로의 말을 못 알아 듣게 된 민족들이 이제 언어의 장벽을 극복한 것처럼 보였다. 대성당을 가득 채운 아름다운 노래, 엄숙한 침묵, 마음속에 있는 평화에 대한 염원이 우리를 완전히 둘러싸고 있었다.

몇 년 후 이와 똑같은 일이 슈투트가르트에서 이루어진 걸 보고는 크게 놀라지 않았다. 마음이 굳어 버린 어른들도 젊은이들의 이런 움직임에 깊은 인상을 받은 것은 당연했다. 그럼에도 준비 모임에서 끊임없이 제기된 물음이 있다. 이 일은 개신교의 일인가? 이 움직임은 가톨릭에 속하는가? 슈투트가르트에서 '유럽 젊은이 모임'을 취재하던 기자들 사이에서도 비슷한 질문들이 제기되었다. 이 젊은이들은 어디에 속하는가? 이들은 어떤 범주에 속하는가? 수많은 젊은이는 누구에게 이득이 되는가? 떼제란 도대체 무엇인가? 이 움직임이 가져온 감격과 열정을 주도한 사람은 누구인가? 로제 수사의 선종 후에도 사람들은 그가 개혁 교회 신자로 남았는지 아니면 몇 년 전에 비밀리에 가톨릭으로 개종했는지 추측을 일삼았다. 그의 교파적 '본적'에 대한 공론은 마지막 순간까지 계속되었다. 그러나 '유럽 젊은이 모임'이나, 이 모임이 일으킨 움직임은 어느 교파에 속하느냐를 규정짓고 한계를 그으려는 모든 시도에서 빠져나간다. 그렇다. 로제 수사 스스로도 자신이 어느 '교파'에 속하는가를 중요하게 여기지 않았던 것 같다. 중요하게 여겼다면 그가 했던 많은 담화에서 자신의 입장을 분명하게 밝혔을 것이다.

나는 한 교회에서 로제 수사와 그의 신념을 다시 만났다. 몇몇 사람이 '떼제 기도'를 하러 매 주일 저녁 모였다. 이 모임에는 주일 오전 정기 예배에 오지 않는 사람들이 모였다. 이 모임은 교회에 가기를 힘들어하는 사람, 교회에 갈 자신이 없는 사람이 교회에 가까이 다가갈 수 있는 자리였다. 거기에는 촛불 몇 개가 켜져 있고, 모임에 참석한 한 사람이 피리를 연주했으며 주위는 고요했다. 그것으로 족했다. 평소에 노래라곤 하지 않던 사람들이 4부합창을 시도했고 잘되면 함께 기뻐했다. 서로의 느낌을 말할 수 있는 자리, 새로 시작할 힘을 얻는 자리, 평온을 절실하게 원하던 불안한 마음이 쉴 수 있는 자리였다.

로제 수사는 신념과 끈기로 다른 이들은 많은 시간이 흐른 후에야 받아들일 수 있는 것을 삶에서 실천했고 또 본보기로 보여 준 것이 아닌가 한다. 그는 우리보다 훨씬 앞서 있었다. 이런 의미에서 떼제의 영향을 깊이 받은 사람들은 교회 일치로 나아가는 길에서 우리보다 몇 발자국 앞서 있는 사람들이 아닌가 한다.

그러나 그들 스스로 서슴없이 나서서 이를 주장하지는 않을 것이다. 어쨌든 나는 로제 수사에게서 많은 것을 배웠다. 친절과 겸손, 빛과 온화함에서 하느님이 가까이 계신다는 사실이 드러난다는 것, 무엇보다도 아름다운 노래들에서 그분이 가까이 계심을 느낄 수 있다는 것이다. 나는 떼제 노래들을 예배 시간마다 부르고 싶다.

하느님은 사랑만 하실 수 있다!?

베르톨트 부르크하르트

2년 전에 우리는 다시 떼제에 갔다. 몇 번째인지 모르겠다. 그러나 그때 떼제에 가는 일은 내게 특별히 중요했다. 장암 수술을 받고 항암 치료를 받은 후였다. 너무 놀라고 두려웠지만 가족과 친구들의 애정 어린 걱정을 받으며 몇 주를 보냈다. 다른 한편으로 이 몇 주는 희망으로 가득 찬 시기이기도 했다. 그럼에도 무언가가 빠져 있었다. 일주일만이라도 떼제에 가서 지내고 와야 했다. 그때 내게 필요했던 고요와 집중적인 영성 생활을 떼제 아닌 그 어디에서 찾을 수 있었겠는가? 아내와 함께 나는 떼제에 갔다. 가는 도중 생전에 겪어 보지 못한 무서운 두통에 시달렸다. 암세포가 뇌까지 퍼진 게 아닌가 싶을 정도였다. 떼제에 도착해 우리는 넓은 천막 안에 앉아 한 수사의 말에 귀를 기울였다. 하느님에 대한 신뢰에 대해 이야기하고 있었다. "하느님은 사랑만 하실 수 있다." 로제 수사는 바로 전에 펴낸 「떼제 편지」에 이런 제목을 붙였다. 천막 안에서 이 편지에 대한 해설을 들었다. 이 말이 나에게도 해당되는가? 하느님이 생명을 앗아 갈지도 모를 병을 주셨고 뇌암에 대한 공포를 주셨는데도 그분은 나를 사랑하시는가?

한참을 교회에 앉아 기도하며 오래전부터 알고 있던 노래, 우리 집 바홀더호프에서 아침 묵상을 하며 자주 불렀던 노래들을 듣고 또 같이 부른 후에야 비로소 나 자신을 되찾을 수 있었다. 방문객이 떼제에 도착하면 수사들은 그들을 맞이하면서 짧은 글을 나눠 준다. 거기에는 이렇게 쓰여 있다. "떼제에 온다는 것은 기도와 침묵, 사색 가운데서 복음의 원천에 다가가자고 초대받는다는 것을 뜻합니다. 사람들은 자기 삶의 의미를 찾기 위해, 새로운 힘을 얻기 위해, 집에 돌아가 책임져야 할 큰 과제를 맡을 각오를 하기 위해 여기에 와 있습니다." 맞다. 지금도 그렇고 예전에도 그랬다. 떼제는 수년 전부터 우리 삶에 많은 영향을 끼쳤다. 아이들이 어렸을 때 우리는 남프랑스에서 휴가를 보내기 전이나 후에 떼제에 들렀다. 수개월 동안 힘들었던 일을 뒤로 하고 한숨 돌리거나, 휴가를 끝내고 다시 일상생활로 돌아갈 마음의 준비를 하곤 했다. 아마도 이 때문에 우리 딸은 떼제 젊은이 모임에 참가하기 위해 유럽의 반을 돌아다녔지 않나 싶다. 딸은 자기 삶이 나아가야 할 방향을 찾기 위해 모임에 참석했다.

 4년 전에 걸어서 산티아고 데 콤포스텔라를 향해 순례길에 올랐을 때 부르고뉴와 떼제를 지나가는 길을 택했다. 떼제에서 일주일간 쉬면서 순례길에서의 신앙을 더욱 깊게 하기 위해서였다. 그때 나는 집에 보낸 편지에 이렇게 썼다. "떼제에서의 시간은 아주 좋았어. 여기서 늘 강한 영적 체험을 하고 새로운 사람들을 만나지. 며칠 동안 흥미로운 사람을 많이 만났어. 하루 세 번 기도 시간에 부른 노래들은 오랫동안 귓가를 맴돌곤 해. 교회 밖으로 나갈 때도 이 노래들을 마음속에 담고 나가게 되지. 그렇게 많은 젊은이가 이 큰 교회를 꽉 채우는 장면을 체험하는 것은 정말 아름다운 일이야. 이 모든 일이 교파와 상관없이 이루어진다는 사실도 인상 깊은 일이지. 모든 일이 다 여러 나라 말로 진행되고 참 국제적이야. 이곳 떼제에서는 정말 교회 일치가 가능해."

일기에는 이렇게 썼다. "지금까지 떼제에서의 시간은 몸과 정신과 영혼에 정말 좋았다. 여기에는 젊은이가 많다. 현대의 소비 지향적 사고와 행동 양식에서 벗어나 새로운 사고의 전환기가 올 것을 희망하는 사람도 많다." 지난 시간을 되돌아보면서 한 가지는 분명하게 말할 수 있다. 25년 전, 바홀더호프에서 우리 가족은 일 년 단위로 구성원이 바뀌는 젊은이 그룹과 함께 생활 공동체를 세우기로 했다. 그때 우리 일과에 영적 테두리가 필요하고, 이 테두리를 원한다는 사실이 분명해졌다. 우리는 떼제를 본보기로 삼았다. 우리는 이것저것 실험 삼아 해 보았다. 처음에는 하루에 여러 번 묵상과 기도 시간을 가졌고 후에는 하루에 한 번만 모여 기도했다. 하루 중 어떤 시간이 가장 적당한지, 농장의 하루 일과와 잘 들어맞는지 알아내기 위해 여러 시도를 해 보았다. 몇 년 전부터는 아침 식사 전에 함께 모여 기도 시간을 갖는다. 이 기도와 묵상 시간은 떼제에서와 같이 노래, 성경 봉독, 침묵으로 이루어져 있다. 이때 우리는 떼제 노래뿐 아니라 다른 노래도 부른다. 노래를 부르면 떼제에서처럼 자크 베르티에 수사가 지은 멜로디가 오랫동안 귓가를 맴돌아 일과를 다 마칠 때까지 동행해 주는 것을 경험한다.

우리 생활 공동체 구성원들이나 바홀더호프의 방문객들의 기도 시간 참여도는 자주 바뀌는 편이다. 젊은이들이 기도 시간마다 빠지지 않고 오던 때도 있었다. 그때는 무신론자를 자처하던 젊은이들도 일 년 내내 아침마다 기도 시간에 와 앉아 있고, 기도 시간을 위한 새로운 아이디어를 제안하기도 했다. 하지만 두세 사람만 앉아 기도를 하는 경우도 자주 있었다. 그럴 때면 우리가 올바른 형태로 실행하고 있는지 의심스러워지곤 했다.

일 년 전부터 산티아고 데 콤포스텔라 순례길 가운데 우리 농장 근처를 지나는 이동 경로가 새로 생겼다. 그 후 우리 농장에 와서 하룻밤 묵을 수 있냐는 문의가 많아졌다. 형편이 허락하는 대로 순례자들이 우리 농장에서 묵을 수 있도록 해 준다. 그래서 요즘은 아침기도에 참여하는 사람이 많다. 이렇게 우리 기도 시간에 대한 관심과 참여도는 높았다 낮았다 계속 바뀐다. 우리는 떼제뿐 아니라 우리 농장처럼 다른 많은 곳에서도 교파를 초월한 친교 가운데 모여 떼제의 정신에 따라 '기도, 침묵, 묵상 가운데서 복음의 원천에 다가가도록' 사람들을 초대하고 있음을 굳게 믿는다.

우리에게 많은 자극을 준 로제 수사와 그의 공동체에게 감사드린다. 폭력과는 무관하던 한 그리스도인의 무참한 죽음에 대한 슬픔은 앞으로도 오랫동안 우리 마음을 아프게 할 것이다. 이제 이런 끔찍한 일을 저지른 길 잃은 여인을 위해 기도하자.

제7장

투쟁과 관상

삶은 계속된다! 훨씬 더 멀리!
그루지야의 루터교 지방 교회 감독 안드레아스 슈퇴클

떼제 공동체 없는 로제 수사, 상상이 안 된다! 로제 수사 없는 떼제 공동체, 상상할 수 없다! 그럼에도 하느님은 이를 받아들이라는 무리한 요구를 하신다. 로제 수사는 8월 16일, '화해의 교회'에서 저녁 기도를 올리던 중 피살되었다. 세계 각국에서 온 청소년 3,000여 명이 거기에 있었다. 한 수사가 기도 시간 도중 로제 수사가 피살되었다는 끔찍한 소식을 알리고 난 후 떼제 노래와 함께하던 저녁기도 시간은 오랫동안 끝나지 않고 계속되었다. 로제 수사 없이.

로제 수사는 거의 60년간 이 공동체의 원장이었다. 현재 떼제는 여러 교파 출신의 수사 100여 명으로 이루어진 초교파 공동체다. 그리고 수사 몇 명만 파견되어 있는 작은 공동체가 아프리카, 아메리카, 아시아의 가난한 사람들에게 가서 살고 있다. 브라질 알라구이냐스에도 작은 공동체가 있다(내 동생이 이 공동체에서 살고 있다). 그들은 가난한 사람들의 삶을 나눈다. 이 모든 곳에서 공동체는 '인간과 하느님의 친교'를 보여 주는 표징이다.

로제 수사에게 공동체는 그저 꿈이 아니었다. 1940년에 로제 수사는, 공동체가 독일군에 점령된 프랑스 지역에서 피난 가는 사람들을 도와주어야 한다고 생각하고 이를 실행에 옮겼다. 위험을 무릅써야 할 때도 있었다. 곧 로제 수사 자신도 게슈타포를 피해 도망가야 할 처지가 되었다. 한동안 그는 제네바에 머물렀다.

공동체를 세우기 위해서는 철저한 준비가 필요하다. 로제 슈츠는 개신교 신학을 깊이 공부했다. 개혁 교회 신학자가 되기 위해 보통 수준이 아니라 훨씬 많이 공부했다! 그의 졸업 논문 제목은 상당히 도전적이었다. 「베네딕도까지의 수도승의 이상理想 그리고 그 이상과 복음의 일치」Das Mönchsideal bis Benedikt und seine Übereinstimmung mit dem Evangelium였다. 로제 슈츠는 개혁 교회가 주류를 이룬 제네바의 대학 교수단 앞에서 이 논문의 명제들을 변론하는 데 성공했다. 이는 작은 센세이션을 불러일으켰다.

공동체에는 영적 원천이 있어야 한다. 당시 로제 수사는 공동체에 대한 작은 책 한 권을 쓰고, 이 책에 '클뤼니 공동체'communauté de cluny라는 제목을 붙였다. 당시 떼제라는 이름을 들어 본 사람이 어디 있었겠는가! 『떼제 규칙』(1952/53)의 핵심 사상인 '기쁨, 단순함, 자비'가 이미 그 작은 책에 들어 있었다. 공동체는 인습을 따르지 않았다. 1944년, 세 친구와 함께 떼제로 돌아온 로제 슈츠는 독일인 전쟁 포로들을 도와주었다. 떼제 마을 사람들은 그의 이런 행동을 이해하지 못했다. 로제의 누나 쥬느비에브는 떼제에서 전쟁 고아들을 거두어 돌봐 주었다.

공동체에는 교회가 필요하다. 1947년, 자주 쓰지 않던 떼제 마을 성당을 공동체가 같이 이용해도 된다는 허가가 내려졌다. 떼제 성당이 속해 있던 오탕 교구의 주교는 수사들과 여러 차례 신뢰 넘치는 대화를 한 후 이에 동의했다. 외부에서는 이를 몰랐지만, 당시 수사들은 가톨릭을 향해 문을 열기 시작하던 중이었다. 이는 아주 오랜 시간을 필요로 하는 과정이었으며 어떤 때는 바티칸이 내린 몇몇 결정 때문에 실망만 하는 작업이기도 했다. 개신교 교파들이 '교회 일치 운동'을 위한 대화에 대해 뿌리 깊은 선입견을 가지고 있었기 때문에 진척이 안 되어 실망할 때도 있었다.

공동체는 여러 가지 결단을 내려야 한다. 첫 수사들의 공동체 생활은 규칙이나, 평생을 형제 공동체에 머물러 있겠다는 서약 없이도 잘 유지되었다. 시간이 지나면서 이 임시방편은 스스로 변화하고 발전하게 되었다. 일 년마다 새롭게 결단하고 싶은 사람이 어디 있겠는가? 그래서 1949년 부활 대축일 때 일곱 수사가 처음으로 종신서원을 했다. 공동체 앞에서 약속한 세 가지는 '재산 공유, 독신, 권위 인정'이었다. 여기서 권위는 공동체를 뜻한다. 공동체라는 권위는 원장의 직위, 임시방편적 결정들을 통해 표현되고 명시된다. '순명'이라는 개념은 떼제 수사들의 사전에 들어 있지 않다. 그들은 이 말을 입에 담지도 않으며 글로 쓰지도 않는다! 형제들의 공동체가 어떻게 원장에 대한 순명을 기초로 세워질 수 있는가? 그보다 신뢰와 하느님의 사랑에 기초해야 하지 않겠는가?

'떼제의 겨울'에 일어난, 당시에는 숨겨진 이야기가 하나 있다. 이 이야기는 '화해의 교회' 축성식에 참석하기 위해 개신교와 가톨릭의 수많은 주교가 떼제를 찾아온 뒤 널리 알려졌다. 로제 수사와 막스 수사는 제2차 바티칸 공의회에 손님으로 초대받았다. 그런데 이 '손님'으로 간 그들이 '주인'이 되어 손님을 맞게 되었다. 공의회에 참석한 공의회 교부들이 오히려 그들을 즐겨 찾아왔던 것이다.

서로 의견이 통하지 않던 주교들은 로제 수사와 막스 수사와 식사를 하며 그들과 함께 대화를 나누었다. 이때 전 세계에서 온 많은 주교와의 우정이 생겨났다.

거기서, 브라질 헤시피에서 온 돔 헬더 카마라 주교와 여러 사람의 제안으로 라틴아메리카의 가난한 사람들을 돕는 사회 봉사 활동의 일환으로 '희망 기금'(Opération Espérance)이 시작되었다. 러시아 정교회 신자들을 위해 성경을 소비에트 사회주의 공화국 연방으로 보내는 프로젝트도 여기서 시작되었다.

1950년대 말부터 떼제를 찾아오는 젊은이들이 눈에 띄게 많아졌다. 1962년부터는 공동체 수사들과 떼제가 파견한 젊은이들이 폐쇄된 동유럽의 여러 나라를 찾아갔다. 그들이 만난 사람들이 위험해지지 않도록 조심했다. 1962년부터 1989년까지 로제 수사도 동유럽 대부분 국가를 직접 방문했다. 때마침 열린 '유럽 젊은이 모임'을 기회로 삼아 가기도 했다. 당시 동유럽 국가들은 자기 나라에서 젊은이 모임이 열리는 것을 허가는 했지만 이 모임을 엄격하게 감시했다. 로제 수사는 단순한 방문도 하곤 했는데 이런 때는 사람들 앞에서 공식적인 발언을 해서는 안 된다는 조건이 붙기도 했다. 그때마다 로제 수사는 그 나라의 그리스도인들에게 "나는 여러분과 함께 침묵하겠습니다" 하고 말했다. 1966년에는 설립된 지 700년이 되는 국제 가톨릭 공동체인 '성 안드레아 수녀회'가 떼제의 이웃 마을에 자리 잡게 되었다. 그때부터 수녀회는 젊은이 모임을 준비하고 실행할 때 일부분을 도와주고 있다.

당시에는 떼제의 젊은이들이 사람들 입에 자주 오르내리지 않았다. 엄청난 수의 젊은이들이 오기 시작한 것은 그 뒤의 일이다. 1965년부터 해마다 한 번씩 큰 젊은이 모임이 열렸다. 1968년 프랑스에서는 '5월 혁명'이 일어났다. 이 혁명 이후 새로운 것이 싹트기 시작했다. 로제 수사의 공의회 경험, 떼제 공동체에서 나누었던 대화, '5월 혁명'에 참가한 젊은이들과의 대화를 바탕으로 '젊은이들의 공의회'를 열자는 놀라운 아이디어가 제시되었다. 오랫동안 감추어졌던, '젊은이들의 공의회'의 비밀이 1970년 부활 대축일에 세상에 공개되었다. 이에 대한 반응은 가지각색이었다. 열렬한 호응이 일었는가 하면 회의적인 의견들도 대두되었다. 무엇인가가 꿈틀거리기 시작한 것이다. 이 '공의회'를 준비하기 위해 작성된 중요한 글은 "우리는 부활하신 그리스도를 기뻐하는 잔치를 올리고자 한다"로 시작한다. 그리고 이 글에는 특별한 성격의 공의회가 열릴 것이라고 쓰여 있다. '젊은이들의 공의회'에는 교부가 없을 것이며, 일정한 프로그램이 있는 것도 아니고 어떤 결의도 내놓지 않으리라는 것이다. 많은 사람이 이 내용에 의아해했으며 실망도 했다. 그렇다면 도대체 무엇 때문에 '젊은이들의 공의회'를 연다는 말인가?

수년간 쌓아 온 수사들의 경험(일단 살아 보고 결정 내리기)과 젊은이들이 내놓은 회의적인 의견(눈앞의 현실 때문에 결국에 가서 실망스러운 절충안을 채택해야 한다면 어떻게 하나의 결의를 구체적으로 실행할 수 있다는 말인가?)은 수사들로 하여금 다른 가능성을 택하도록 만들었다. 이 다른 가능성이란 이렇다. "우리는 우선 삶을 살겠다. 우리는 우리가 산 것을 서술하겠다. 그리고 이에 대해 이야기하겠다. 이 순례길 끝에 다다르면 우리는 결정을 내릴 수 있을 것이다. 그러니 미리 말하지 않고 나중에 하겠다."

'젊은이들의 공의회'는 1974년 부활 대축일에 성대하게 열렸다. 젊은이 3만 명이 떼제에 왔다. 얼마 후 '젊은이들의 공의회'라는 이름에 대한 교회법상의 항의들이 제기되었다. 그래서 '젊은이들의 공의회' 대신 '이 세상 신뢰의 순례길'이라는 표제가 쓰이게 되었다.

이때부터 젊은이들이 떼제에 물밀듯이 밀려왔다. 날씨가 좋은 여름 몇 달 동안에는 매주 세계 방방곡곡에서 여러 교파의 그리스도인들과 다른 종교인들이 혼자 혹은 그룹을 지어 찾아왔다. 이른바 '구도자'들도 떼제에 왔다.

모든 방문객은 하루 세 번 수사들과 함께 모여 기도하고, 미리 채택한 성경 본문과 신앙에 관한 글들에 대해 대화하기 위해 그룹을 지어 만난다. 젊은이들을 인솔하여 떼제에 오는 어른들, 혼자 온 어른들은 젊은이들이 없는 자리에서 따로 만난다. 그렇게 젊은이들은 자기들끼리 생각하고 물음을 던지며 말할 기회를 갖게 된다.

떼제의 노래들은 시간이 지나면서 변화를 거듭했다. 수사들이 처음에 부르던 시편 노래에 이른바 '떼제 노래'들이 더해졌다. 노래 가사는 기억하기 쉬운 짧은 성경 구절이나 신앙에 대한 문장으로 되어 있다. 물론 여러 나라 말이 쓰였으며 여러 부로 나누어 부를 수 있는 노래다. 처음에는 젤리노 수사와 베르티에 수사가 작곡했고 후에는 다른 수사들도 여러 곡을 지었다.

'떼제 노래'가 생겨난 지 20년 후 이 노래들은 독일 개신교 찬송가 책에 수록된 노래 가운데 가장 자주 불리는 노래가 되었다. 러시아와 그 주변 나라들의 루터교 찬송가 책에서도 마찬가지다. 전 세계 여러 나라에서도 크게 다르지 않다. 매년 열 권만 발간할 수 있다는 규정이 있는 중국 가톨릭 교회에서 중국어로 된 떼제 노래 책을 펴낸 것은 참으로 놀라운 일이다.

매년 말에는 5~10만 명의 젊은이가 '유럽 젊은이 모임'에 참가하기 위해 유럽의 한 대도시에서 만난다. 수많은 교회에서는 규칙적으로 떼제 기도 모임을 만들어 만나고 있다.

떼제는 성공을 거두었다. 그러자 청하지 않은 부패한 정신들이 성공과 함께 끼어들었다. 떼제에 큰 파이프오르간이 들어왔으며 노래 반주를 맡은 악기 숫자도 한계를 모르고 늘어만 갔다. 단순하던 노래들이 승리를 뽐내는 듯 의기양양한 색채를 띠기 시작했다. 몇몇 사람은 분명 이렇게 느꼈다. 떼제 공동체는 방송과 신문 기자들의 뜨겁고도 때로 비판적인 관심을 한몸에 받기에 이르렀다. 이 무렵 일부 기자들은 가급적 떼제의 좋은 면을 부각시켜 보도하라는 은근하면서도 결정적인 압력에 대해 불만을 토로하기도 했다.

지난 25년 동안 이런 분위기는 쇄신되었다. 영향력이 크고 남들에게 깊은 인상을 주는 방법 대신 '가난한 방법'이 다시 자리 잡았다. 젊은이들은 떼제에서 자기가 받아들여지고 보호받고 있다고 느낀다. 어느 누구도 그럴듯한 설교나 설득력 있는 프로그램으로 젊은이들을 자기 편으로 삼으려고 시도하지 않으며 공동체의 목적을 위해 그들의 믿음을 이용하려 하지 않는다.

그렇지만 떼제는 젊은이들만을 위한 곳이라는 소문이 아직도 있다. 그러나 대통령과 정치인, 주교와 교회 지도자도 떼제에 온다. 그들은 기도하는 사람들 틈에 끼어 앉아 남들 눈에 띄지 않게 머물다 가기도 한다. 이른바 '권력자'와의 대화는 조심스럽게 이루어질 뿐 언론에는 잘 알려지지 않는다. 본디 개신교에 속하던 떼제 공동체는 1947년부터 로마 가톨릭, 동방정교회 그리고 많은 개신교 교파와 끊임없이 교류하고 있다.

이 글은 로제 수사를 추도하는 글이 아니며 그를 신학적으로 변호하거나 그를 복자품에 올리기 위해 자료를 수집하는 작업도 아니다. 자주 시도되었으나 단 한 번도 이루지 못했던 일이 있다. 누구도 로제 수사와 떼제 공동체를 '이용'할 수 없었다는 것이다. 교회에서 신자들 앞에 나가 잔잔한 떼제 노래를 불러도, 목사 회의 석상에서 도전적인 떼제 노래를 불러도 그렇게 할 수 없었다.

전체적 맥락에서 따로 끄집어낸 개별적 관점들은 혼란을 가져올 뿐 이해를 돕지 못한다. "로제 수사가 교황 요한 바오로 2세의 장례식에서 라칭거 추기경이 분배한 성체를 공식적으로 받은 것은 어떤 의미가 있는가?"라는 물음이 그 한 예다. 로제 수사는 교회 지도자가 아니었다. 떼제 공동체는 그 어떤 교회보다 자유롭고 용감하다.

로제 수사의 '교회 일치에 대한 소명'은 청소년 시절에 이미 시작되었다. 그가 마지막으로 쓴 책 『하느님은 사랑만 하실 수 있다』*Gott kann nur lieben*에서 그는 교회 일치를 위해 자신이 간 길을 이렇게 묘사한다. "외할머니는 타고난 섬세함으로 교회 일치의 소명을 향한 열쇠를 발견하셨고 이를 구체적으로 실현하도록 나를 위해 길을 닦아 주셨음을 기억한다. 그분의 삶을 통한 증언이 어린 나에게 많은 영향을 끼쳤다. 나는 그분을 본받아서 그 누구와도 결렬하지 않고 내가 본디 속한 개신교 신앙을 내 안에서 가톨릭 신앙의 신비와 화해시킬 때 진정한 그리스도인이 될 수 있다는 사실을 깨달았다."

로제 수사는 떼제에서의 첫날부터 '세상이 믿게 하기 위해'라는 짧지만 정곡을 찌르는 말을 그리스도 공동체 선교 사명의 단초端初로 삼고 있었다. 모든 기도와 일치의 기초는 예수님이 제자들과 함께하신 마지막 기도에 있다. "그들이 모두 하나가 되게 해 주십시오. 아버지, 아버지께서 제 안에 계시고 제가 아버지 안에 있듯이, 그들도 우리 안에 있게 해 주십시오. 그리하여 아버지께서 저를 보내셨다는 것을 세상이 믿게 하십시오"(요한 17,21).

로제 수사를 알지는 못했지만 디트리히 본회퍼도 그와 비슷한 생각을 했다. 그는 '의인의 기도와 행동'에 대해 말했다. 그리스도인들의 "분열이라는 이 부끄러운 상태"가 끝나야 한다. 그런데 어떻게 이것이 가능한가? 신학적으로 표현하면 첫째, 수사들의 경건한 기도를 통해서, 둘째, 경건함과는 상관없이 공동체의 본보기를 보여줌으로써 가능하다.

첫째 방법에 대해 자세히 말하면 이렇다: 떼제에서의 기도는 누구나 보고 체험할 수 있듯이 경건하면서도 단순하다. 성경이 봉독되고 노래 기도가 올려진다. 침묵하는 기도도 있다. 전혀 기도할 수 없을 때도 기도한다. 단순한 기도, 신뢰의 기도가 있다. "사랑하는 하느님, 제발 이렇게 혹은 저렇게 해 주십시오"라거나 "사랑하는 하느님, 이렇게 혹은 저렇게 해 주셔서 감사합니다"라는 기도보다 우리 안에 있는, 하느님에 대한 무한하고도 기쁜 신뢰의 기도들이 떼제에서는 바쳐지고 있다. 이는 하느님께서 우리의 마음을 움직이시기 때문에 나오는 기도, 그분에 대한 신뢰의 기도다.

둘째 방법, 떼제 공동체는 경건함과는 상관없이 공동체의 본보기를 보여 준다. 떼제 공동체가 방문객들에게 베푸는 친절이 그 예다. 형제애(fraternités)를 통해, 어떤 사회사업보다 손님들에게 친절을 베풂으로써, 가난한 사람들과 함께 그들의 생활 조건을 나눔으로써 일치를 구현하고 있다.

프랑스어 '무상성'無償性(gratuité)은 이를 표현하는 중요한 표어다. 즉, 속심俗心 없는 삶과 행동을 뜻한다. 수사들은 이를 더 분명히 하기 위해 '사심 없는'(désinteressé)이라는 단어를 쓰기도 한다. 이 프랑스어에는 독일어 '무관심한, 냉담한'(desinteressiert)이라는 뜻을 내포하고 있지 않다. '무상성'(gratuité)은 '선물'(gratia)과 '무료'(gratis)라는 의미를 함께 포함한다.

로제 수사와 떼제 공동체 삶의 많은 것이 아직 드러나지 않았다. 따라서 이는 우리의 판단 대상이 아니다. 그러나 로제 수사의 갑작스러운 죽음에 대한 반응들은 겉으로 드러나지 않은 것들이 얼마나 힘차고 확실하게 살아 있었는지 보여 준다. 로제 수사의 죽음은 톱뉴스였다. 대통령들과 대주교들이 애도의 뜻을 표했다. 떼제의 누리집(www.taize.fr)은 며칠 동안 완전히 마비되었다. 수없이 많은 젊은 이와 나이 든 사람이 로제 수사의 죽음에 애도를 전했다. 어느 누구도, 수사들마저도 이를 예상하지 못했다.

전화, 편지, 전자우편은 생각보다 훨씬 많았다. 공동체 누리집에 올라온 글들은 매우 인상 깊었다. 분열되지 않고 하나인 교회가 아주 구체적인 형태로 분명하게 드러나 있었다. 누가 이에 대해 교회론을 쓰게 될까?

그리고 나는 무슨 말을 할 수 있는가? 나는 문장에 느낌표를 붙인다. "삶은 계속된다! 훨씬 더 멀리!" 여기서 '삶'은 물론 우리의 삶을 뜻한다. '삶'은 "나는 생명이다"라고 말씀하신 예수님을 뜻하기도 한다. 그분께서 계속 나아가신다! 훨씬 더 멀리! 우리도 그분과 함께 간다. 깊이 감사하는 마음 외에는 더 이상 할 말이 없다.

우리는 로제 수사에게서 많은 것을 배웠다. 그의 생각에서 배웠고 그의 훌륭한 표현에서 배웠다. '임시방편적인 것이 갖는 놀라운 힘', '평화로운 사람들의 거대한 힘', '투쟁과 관상', '사랑의 놀라움', '단순함'이 그것이다. 그는 '단순함'을 강조했다. 폭력을 쓰지 말고 남들에게 깊은 인상을 주려고 애쓰지 말라는 뜻이다. 예수님의 십자가보다 '더 큰' 것은 그것이 무엇이든 하느님 사랑의 '작은' 위대함을 가려 버린다. 많은 사람과 공동체가 로제 수사에게서 배운 것은 무엇보다 '기도'다.

예수 그리스도여,
당신은 항상 제 안에 계셨습니다.
그런데 저는 그것을 몰랐습니다.
당신이 제 안에 계셨건만
저는 당신을 찾지 않았습니다.

당신을 찾았을 때
저는 당신을 저의 가장 소중한 분으로
모시고 싶어 애태웠습니다.
불 하나가 저를 뜨겁게 해 주었습니다.
하지만 제가 얼마나 자주
당신을 다시 잊어버렸는지요.
그럼에도 당신은 저를 사랑하시기를
그만두지 않으셨습니다.

부활하신 이여,
당신은 저희가 어떤 마음을 품고 있나
미리 헤아리지 않으시고

저희를 있는 그대로 받아 주십니다.
그러니 당신께 다가가기 전에
저희 마음이 먼저 변하기를
기다려야 할 필요가 실은 없습니다.
당신은 제 마음을
변화시켜 주십니다.

당신은
저희가 가진 가시들을 모아 불을 피우십니다.
아직도 피 흘리고 있는
저희의 상처 한가운데
당신은 사랑을 부어 주십니다.
당신의 목소리는
저희의 어두운 밤에도 울려 퍼지며
그 어두운 밤 한가운데 살아 있습니다.

　　　　　　　　　　　　　　　　　로제 수사

제8장
어진 마음과 사랑

로제 수사의 생애

로제 수사의 속명은 로제 루이 슈츠마르소슈Roger Louis Schutz-Marsauche였다. 그의 아버지 카를 울리히 슈츠Karl Ulrich Schutz는 취리히 근교 박스 출신이었으며, 어머니 아멜리 앙리에트 슈츠마르소슈 Amélie Henriette Schutz-Marsauche의 고향은 프랑스 부르고뉴였다. 로제는 아홉 형제 중 막내였다. 그의 아버지는 개신교 목사였지만 가톨릭 신자인 과부를 아들 로제의 보모로 고용하여 그녀가 생계를 유지할 수 있도록 배려했다.

로제는 1937년부터 1940년까지 로잔과 스트라스부르에서 개신교 신학을 공부했고, 1940년 8월 20일, 떼제로 왔다. 거기서 그는 누나 쥬느비에브와 친구 몇 명과 함께 나치를 피해 도망 다니는 유대인들과 나치에 항거하던 사람들을 숨겨 주었다. 1942년, 게슈타포가 떼제의 집에 들이닥쳐 거기 있던 사람들이 전부 체포됐다. 마침 한 도망자를 스위스에 데려다 주느라 떼제에 없었던 로제는 프랑스가 해방되던 1944년까지 스위스에 머물렀다. 세 친구와 떼제로 돌아온 후에는 전쟁 고아들뿐 아니라 독일군 전쟁 포로들을 돌봐 주었다. 떼제 마을 주민들은 그의 이런 행동이 몹시 못마땅했다.

이런 일들을 계속하다가 1949년, 초교파 형제 수도원 떼제 공동체를 설립했다. 1949년 4월 17일, 로제 수사를 돕고 있던 사람 일곱 명이 전통적인 수도원에서 그리하듯이 종신서원을 했다. 그들은 재산을 공유하고, 독신을 지키며, 권위를 인정할 것을 서약했다.

1951년, 로제 수사는 '떼제 규칙'을 정했다. 이 규칙에는 행동 윤리, 극기, 공동체 결정을 따르는 문제 등이 언급되고 있으며, 이 규칙의 집행을 원장이 맡는다는 내용도 들어 있다. 로제 수사는 자기 나름의 신학을 발전시키지 않았다. 그리스도교 교파들의 화해를 목표로 삼고 평생 이를 위해 온 힘을 바쳤다. 현재 떼제 공동체에는 20개국에서 온 수사 120명이 있다. 그들은 가톨릭, 개신교 여러 교파, 성공회 신자들이다. 로제 수사는 공동체의 활동 내용과 영역을 지속적으로 넓혀 갔다. 그가 특별히 중요하게 여긴 일은 그리스도의 형제들이 가난한 사람 중에서도 가장 가난한 사람들과 이루는 유대였다. 1951년부터 지금까지 떼제 수사들이 아시아, 아프리카, 남아메리카에서 가난한 사람들과 공동체를 이루어 살고 있다. 로제 수사가 마더 데레사와 함께 '죽음을 기다리는 사람들의 집'을 위해 한 일은 크게 주목을 받았다.

1970년, 로제 수사는 '젊은이들의 공의회'를 열겠다고 발표했다. 이 공의회의 첫 총회는 1974년에 열렸다. 이 '젊은이들의 공의회'를 통해 떼제는 전 세계에 널리 알려졌다. 1979년, 이런 형태의 젊은이 모임은 일단 중단되었고 '이 세상 신뢰의 순례길'이라는 모임으로 바뀌었다.

로제 수사는 교황 요한 바오로 2세의 장례식 때, 훗날 교황 베네딕도 16세가 된 요제프 라칭거 추기경에게 성체를 영했다. 이는 많은 사람의 주목을 끌었다. 그때까지도 교황 요한 바오로 2세는 가톨릭 신자가 아닌 사람이 성체를 영하는 것을 엄격하게 금하고 있었다. 그래서 로제 수사가 라칭거 추기경에게 성체를 영하는 일은 이 금지 조처가 완화되리라는 추측을 낳았다. 가톨릭에서는 가톨릭 신자가 아닌 다른 교파 신자는 가톨릭 교회와의 완전한 일치 가운데 있을 때, 성찬에 대한 가톨릭의 이해에 완전히 동조하고 성찬을 받을 수 있도록 허락해 달라고 청할 때만 그리스도의 몸을 받아 모셔도 된다고 정하고 있다. 이에 대해 알로이스 수사는 로제 수사가 이미 25년 전부터 바티칸 성 베드로 대성당에서 성체를 영했다고 설명한다. 교황 요한 바오로 2세의 장례식 때 모든 사람이 이를 '분명히 볼 수' 있었던 것이 새로웠을 뿐이다. 바티칸은 라칭거 추기경이 성체를 분배하던 순간의 복합적인 주변 상황들로 인해 추기경이 로제 수사에게 영성체를 베푸는 일을 거절할 수 없었다고 말했다.

로제 수사는 2005년 8월 16일, 떼제에 온 지 65년이 되는 날을 나흘 앞두고 저녁기도 시간 '화해의 교회'에서 루마니아 여자 루미니타 솔칸에게 피살됐다. 범행 동기는 지금까지 알려지지 않고 있다. 여자가 정신 질환을 앓고 있었다고 추측할 뿐이다.

로제 수사의 후임이며 수도원장으로 알로이스 수사가 임명되었다. 로제 수사는 이미 오래전에 공동체 규칙에 따라 알로이스 수사를 후임으로 정해 두었다. 알로이스 수사는 가톨릭 신자다.

로제 수사가 받은 상과 학위는 다음과 같다.

    1974년   템플턴상
    1974년   독일 출판협회 평화상

1986년 　 폴란드 바르샤바 대학 명예 박사 학위
1988년 　 유네스코 평화 교육상
1989년 　 독일 아헨 시의 카를 대제상
1990년 　 벨기에 루뱅 가톨릭 대학 명예 박사 학위
1992년 　 로베르트 슈만상
1996년 　 노트르담상

로제 수사가 이 많은 상과 학위를 받을 때마다 발표한 연설 가운데, 1988년 9월 유네스코 평화 교육상 수상 연설문을 여기에 싣는다.

삼천 년대가 신뢰의 시대가 되도록 하기 위해 많은 젊은이가 지구를 살기 좋게 만들려고 노력하고 있습니다. 북반구와 남반구, 양쪽 젊은이들이 남과 북, 동과 서로 난 분열을 메우기 위해 투신하려고 합니다. 지구를 살기 좋게 만들려면 세계의 부를 지금보다 더 공평하게 분배해야 합니다. 그래야만 항구적인 평화가 가능하다는 것을 젊은이들은 알고 있습니다. 불공평한 분배는 갈등과 전쟁의 원인입니다. 젊은이들은 물질적 분배만이 전부가 아니라는 사실도 알고 있습니다. 평화는 문화적 차원의 상호 교환을 필요로 합니다. 이 사실을 떼제 언덕에서 조금씩 조금씩 깨달았습니다. 바로 이 언덕에서 매주 열리는 모임이 유럽의 만남이 되었고 대륙 간의 만남으로 발전했습니다.

　지구를 살기 좋게 만들려면 이 세상의 민족들을 신뢰해야 합니다. 젊은이들은 이를 바라고 있습니다. 소수의 지도층이 폭력이나 전쟁을 한 번 야기했다는 이유로 민족 전체가 굴욕적인 대우를 받는 것은 용납될 수 없습니다. 다른 민

족보다 죄가 더 많은 민족이란 없습니다. 이 자리에서 이야기하고 싶은 것이 하나 있습니다. 파리에서 '유럽 젊은이 모임'이 열렸을 때 우리는 젊은이 몇 명과 유네스코 본부를 찾아가 프레데리코 마이어 회장을 만났습니다. 그때 마이어 회장은 우리에게 "세계 각국의 젊은이들과 유네스코가 손을 잡고 약속 하나 합시다. 지구를 살기 좋게 만들기 위해 우리 서로 힘을 합칩시다" 하고 말했습니다. 그가 우리에게 한 이 말은 젊은이들이 길을 찾아 나설 때 분명 큰 힘이 되어 줄 것입니다.

지구를 살기 좋게 하기 위해 우리에게 꼭 필요한 실재가 하나 있습니다. 다른 모든 실재는 바로 이 실재에서 나옵니다. 이 실재는 인간의 마음속에서 살아 움직입니다. 바로 마음의 평화입니다. 마음속에 평화가 있으면 우리는 의연한 삶의 자세를 유지할 수 있으며 다른 사람들을 위해 위험을 무릅쓸 용기를 가질 수 있습니다. 마음속에 평화가 있으면 실패, 괴로운 시련, 좌절의 경험들이 우리 어깨를 내리누를지라도 다시 일어서서 새롭게 길을 나설 수 있습니다. 인간의 마음 저 깊은 곳에 있는 이 평화는 하느님이 창조하신 이 세상과 피조물을 시적 정취에 가득 찬 눈길로 바라볼 수 있도록 도와줍니다. 마음의 평화는 자주 사라져 버리곤 하던 내적 환희의 원천입니다. 마음의 평화가 있다면 찬탄할 수 있고 시적 향기를 맡을 수 있습니다. 삶을 진솔하게 꾸려 가게 되며, 이를 이해하는 모든 사람이 인간을 신비에 가득 찬 시선으로 바라볼 수 있게 해 줍니다.

이루 헤아릴 수 없이 많은 사람이 이 평화를 신비로 가득 찬 현존에서 길어내고 있습니다. 이는 다름 아닌 성령의 현존으로 모든 인간 안에, 이를 모르고 있는 인간 안에서도 예외 없이 살아 있습니다. 그러나 하느님의 영(그리스도인들에게는 부활하신 분의 영)은 자기를 받아들이라고 결코 강요하지 않습니다. 만약 어떤 사람이 다른 사람에게 이 현존의 신비를 강요하려고 한다면 그는 곧바로 이 성령에서 멀어지게 될 것입니다.

90세 생일에 주고받은 편지

독일 개신교 연합 회장 볼프강 후버 박사

존경하는 로제 수사님, 사랑하는 형제님,

 2005년 5월 12일에 아흔이 되시는 수사님께 독일 개신교 연합 회장으로서뿐 아니라 개인적으로도 진심으로 생신을 축하드립니다. 수사님 앞에 놓인 모든 길에 하느님께서 수사님에게 굳은 신앙과 희망에 가득 찬 마음을 선사하시길 기도합니다.

 아흔 번째 생신을 맞으면서 수사님처럼 하느님의 축복과 성령으로 충만했던 삶을 되돌아볼 수 있는 사람은 그리 많지 않을 것입니다. 이 경사스러운 날에 수사님의 생각은 하느님께서 이끌어 주신 길이 시작되던 옛일을 더듬어 가리라 짐작됩니다.

 수사님 마음속에는 1940년, 어머니의 자취를 더듬어 부르고뉴에서 몸과 마음의 새로운 고향을 찾던 때가 떠오르겠지요. 떼제 공동체가 자라고 발전하는 모습을 보며 놀라워했던 순간들을 기억하시리라 믿습니다. 무엇보다도 그토록 많은 젊은이가 공동체가 키워 나간 영성에 깊은 영향을 받아 자신들도 이 영성을 삶 가운데서 실천하겠다는 생각을 하게 되는 것을 보고 놀라워하셨던 것도 기억하시겠지요. 수사님이 세우신 공동체가 얼마나 많은 치유와 화해, 위로와 신뢰를 가능하게 했는지 생각하시면서 또 놀라워하시겠지요.

 하느님은 수사님과 형제 수사님들을 축복하셨습니다. 수사님이 일생 동안 이루신 일과 떼제 공동체는, 우리가 사는 현대에도 어진 마음과 화해, 믿음과 평화 안에서 하느님이 현존하신다는 증거이기도 합니다. 저는 3년 전에 제 아내와 우리 교회 젊은이들과 함께 떼제를 찾아가서 이를 직접 체험할 수 있었고 수사님과 식사도 함께 했었지요. 이 일을 결코 잊지 못할 것입니다.

저는 이 기회에 하느님께서 수사님의 길을 인도해 주신 것에 대한 제 개인적 감사에 그치지 않고 수사님과 형제 수사님들에 대한 독일 개신교 전체의 기쁨과 감사를 표하고자 합니다. 수사님과 형제 수사님들에게서 저희들은 영적 힘의 원천을 발견하고 있습니다. 저희 주州의 교회뿐 아니라 독일 모든 개신교의 수많은 젊은이에게 떼제 공동체는 '삶의 에너지원', '믿음의 원천'이 되었습니다.

떼제의 정신에서 큰 영향을 받고 침묵의 영성에 의해 굳건해지고 단순함의 아름다움에 사로잡힌 목사님이 많습니다. 유럽의 큰 두 교파가 서로 뒤섞이거나 서로를 그냥 지나쳐 버리지 않고 서로를 존중하는 가운데 깊이를 더하고 예수 그리스도의 영을 향해 강건해질 수 있다는 사실이 수사님의 삶의 길을 통해 분명해졌습니다. 이 기쁜 날을 맞아 수사님께서 두 손으로 이룩하신 업적에 대해 독일 개신교의 감사를 전합니다. 기도하기 위해 모은 수사님의 두 손은 유럽 '교회 일치 운동'의 두 교파를 다 감싸고 있습니다.

떼제의 훌륭한 정신에 대해 깊은 존경과 감사를 드리며 이만 펜을 놓습니다.

볼프강 후버 드림

사랑하는 후버 박사님께

제 생일에 보내 주신 편지는 제 마음 깊은 곳에 와 닿았습니다. 진심으로 감사드립니다.

제 생일에 신뢰와 애정이 깃든 많은 편지와 축하 인사가 독일에서 날아왔습니다. 우리 공동체는 창설되던 때부터 박사님의 나라와 깊은 유대를 맺고 있습니다. 저와 형제들은 우리 삶이 하느님의 부름에 대한 구체적인 대답일 때 의미를 얻게 된다는 사실을 잘 알고 있습니다. 하느님은 우리가 갈 길이 어떤 것인지 미리 알려 하지 말고 그저 한 걸음, 한 걸음 앞으로 나아가라고 우리를 부르십니다. 그리고 우리는 우리 삶을 온전히 바칠 때 행복할 수 있다는 사실을 발견했습니다. 우리는 하느님에 대한 아주 단순한 신뢰를 통해 우리 안에서 최선의 것이 생겨난다는 사실을 평생 동안 깨닫고 있습니다.

박사님께서 우리 공동체에 오셨던 때를 기쁜 마음으로 기억하고 있습니다. 부인께도 따뜻한 안부 인사를 전해 주십시오.

로제 수사 드림

(자필 추신)
사랑하는 후버 박사님, 저의 감사하는 마음과 신뢰를 보냅니다.

제9장
내가 너의 이름을 불렀다

교계 대표와 정계 인사들의 추도 서한

모든 그리스도교 교파의 대표자와 정계 인사들은 로제 수사를 잃은 수사들의 아픔, 그의 삶에 감사하는 마음을 감동적인 서한에서 함께 나눴다. 로제 수사는 평생 여러 교파의 책임자들과 만나는 일을 게을리 하지 않았으며 많은 교파의 대표자를 직접 찾아가거나 그들을 떼제로 초청했다. 그가 이렇게 한 것은 '성체의 일치를 향한 열정' 때문만은 아니었다. 떼제에서는 수천 명이 수시로 만나고 있기 때문에 자칫하면 떼제 아닌 것을 배척하는 성격을 띤 일종의 분리 현상을 장려할 위험이 도사리고 있음을 그는 잘 알고 있었다. 이런 경향을 방관할 경우 독립적 교회 집단, 떼제 고유의 교파가 형성될 가능성이 있음을 분명히 의식한 그는 이를 막기 위해 노력했다. 사람들이 떼제만의 교파를 세우는 것이 어떠냐고 넌지시 물을 때마다 그는 오해의 여지라곤 전혀 없이 단호하게 거절했다. 매년 연말연시에 열리는 '유럽 젊은이 모임'이 그의 이런 자세를 구체적으로 보여 준다. 젊은이 모임 개최 도시에서의 준비 작업은 그 도시의 교회들과 긴밀한 상호 협력 속에서 진행되며 교파들의 다양성을 온전히 살리는 일도 매우 중요시되고 있다.

알로이스 수사님과 형제 수사님들께

    지난 화요일 저녁, 로제 수사님이 피살되었다는 믿기 힘든 소식을 듣고 너무 놀라고 큰 충격을 받았습니다. 로제 수사님과 나누던 대화와 그분과 함께했던 기도들이 기억에 되살아납니다. 얼마 전에 그분의 아흔 번째 생신 때 주고받은 편지들이 떠올랐습니다. 교황 요한 바오로 2세의 장례식 때 로마 베드로 광장에서 로제 수사님이 당시 라칭거 추기경님에게 그곳에 모인 수많은 신자 가운데 첫 번째로 성체를 영하시던 인상 깊은 모습도 눈에 선합니다. 이런 분이 도무지 납득할 수 없는 행위에 희생되었다는 사실을 어떻게 이해해야 할지 그저 당혹스러울 뿐입니다. 로제 수사님은 떼제 공동체의 설립자이자 원장으로서 이루 셀 수 없이 많은 사람, 특히 젊은이들에게 큰 영향을 미쳤으며 그들로 하여금 영적 고향을 발견하도록 해 주었습니다. 다름 아닌 '세계 청년 대회'가 열리고 있던 날에 그분께서 피살되신 것은 그분이 젊은이들과 맺고 있던 유대를 비극적인 형태로 드러내 주고 있습니다.

　로제 수사님의 삶은 교회 일치를 위한 신앙에 깊이 뿌리내린 투신 그 자체였습니다. 1940년, 프랑스에서 뜻을 같이하는 사람들과 함께 공동체를 세운 수사님은 유대인들을 숨겨 주었고 도망자들을 보호해 주었습니다. 그 후 시간이 지나면서 그분이 세운 공동체는 교회 일치를 위한 친교의 원천이 되었습니다. 그분과의 만남과 떼제 공동체에서 겪은 체험은 많은 사람에게 일생 동안 큰 영향을 주었습니다. 떼제에서 나누었던 인간적인 대화, 무엇보다도 공동기도는 그리스도인들의 신앙을 더 굳건히 해 주었다고 생각합니다. 떼제의 기도 형식을 따르며 떼제 노래와 함께하는 저녁기도와 예배가 생겨났으며 이것이 사람들의 영적 고향이 되었습니다. 몇몇 떼제 노래는 독일 개신교 찬송가 책에 자리를 잡았습니다. 이로써 개신교 예배 안에서도 확고한 자리를 잡은 셈입니다.

'유럽 젊은이 모임'은 독일에서도 몇 번 열렸습니다. 2년 전 함부르크 모임에는 로제 수사님이 함께하셨지요. 이 '유럽 젊은이 모임'은 그 사이에 많은 사람에게 신앙을 굳건히 하고 교회 일치를 위한 상호 이해를 돕는 원천이 되었습니다. 이 모든 것이 가능할 수 있었던 것은 떼제의 원장 수사님께서 만사에 화해와 위로, 특히 신념을 강조하셨고 이를 몸소 보여 주셨기 때문입니다. 앞으로도 많은 사람이 그분을 방향을 제시하는 사람, 모범으로 삼을 것입니다. 이런 분을 찾기란 결코 쉽지 않습니다.

평화, 화해, 비폭력을 삶의 목표로 삼고 살던 분이 폭력에 무참하게 살해당했다는 사실은 정말 끔찍하고 납득하기 힘든 일입니다. 그러나 평화와 화해를 위한 그분의 증언은 그분의 열렬한 신앙과 마찬가지로 미래를 위한 유산으로 남을 것입니다. 바오로 사도는 말합니다. "우리 가운데는 자신을 위하여 사는 사람도 없고 자신을 위하여 죽는 사람도 없습니다. 우리는 살아도 주님을 위하여 살고 죽어도 주님을 위하여 죽습니다. 그러므로 우리는 살든지 죽든지 주님의 것입니다"(로마 14,7-8). 로제 수사님의 삶과 죽음은 바오로 사도가 말한 이 약속에 따르고 있습니다. 이 확고한 믿음 안에서 로제 수사님과 저는 단단히 연결되어 있습니다.

로제 수사님의 후임자로 공동체 원장이 되신 알로이스 수사님, 그리고 공동체 수사님들과 공동체를 위해 일하는 모든 분께 독일 개신교의 깊은 유대가 담긴 인사를 보냅니다. 로제 수사님과 작별해야 하는 이 며칠 동안 하느님께서 공동체의 모든 분께 위로와 축복을 내려 주시길 기도합니다.

독일 개신교 연합 회장
볼프강 후버 드림

알로이스 수사님께

 로제 수사님의 죽음 앞에서 수사님께 깊은 애도의 뜻을 표합니다. 쿠르헤센-발트에크의 개신교는 이 무참한 살해에 대한 충격을 함께 나누고 있습니다.

 우리 교회의 많은 신학생, 젊은이가 떼제 공동체를 방문했고 특히 기도 시간에 분명히 나타나는 떼제의 정신에 깊은 영향을 받았습니다. 많은 이가 떼제에서 보낸 시간에 대해 크게 열광하면서 이야기하곤 합니다. 로제 수사님의 죽음으로 우리 모두는 믿음 가운데 있던 한 형제를 잃고 말았습니다. 그분은 많은 사람에게 그리스도교의 분열이 극복될 수 있음을 매우 인상적인 삶의 태도로 보여 주셨습니다. 작별의 시간이 될 며칠 동안 삶과 죽음의 주인이신 삼위일체 하느님께서 수사님과 공동체의 모든 구성원 곁을 지켜 주시기를 간절히 기도합니다. 특히 떼제 공동체의 지도자라는 새로운 직무를 맡으신 수사님께 하느님의 축복이 함께하시길 빕니다.

쿠르헤센-발트에크의 개신교 지방 교회 감독
마르틴 하인 드림

알로이스 수사님과 형제 수사님들께

   로제 수사님의 참혹한 죽음 앞에서 저는 독일 루터교의 이름으로 충격과 애도를 전합니다. 로제 수사님의 죽음에 대한 슬픔은 우리나라 그리스도교 신자들에게 엄청난 충격을 안겨 주었습니다.

   많은 사람이 2년 전 함부르크에서 열린 '유럽 젊은이 모임' 때 로제 수사님을 가까이에서 만날 수 있었으며, 그전에 떼제를 방문한 사람도 많습니다. 저도 로제 수사님과 직접 만났던 때를 기억하고 있으며 그때의 감동을 잊지 않고 있습니다. 북쪽의 함부르크에서 남쪽의 뮌헨에 이르기까지 모든 교회에서는 추모의 촛불이 켜졌습니다. 그리고 떼제의 전례를 따른 예배가 올려지고 있습니다. 이렇게 저희는 떼제의 수사님들과 떼제 공동체를 잘 아는 그리스도인들의 슬픔을 저희도 같이 나누고 있음을 전하고자 합니다.

   로제 수사님과 떼제 공동체는 저희의 신앙을 살펴보고 새롭게 하는 데 자극을 주었습니다. 이 자극의 파급 효과가 얼마나 큰 것인지는 아직 아무도 가늠할 수 없습니다. 로제 수사님과 떼제 공동체처럼 현대인의 가슴에 깊이 다가간 이들은 없다고 생각합니다. 나아가 그분은 교파들의 화해와 일치를 위해 큰 공적을 쌓았습니다.

   바오로 사도는 "사랑은 언제까지나 스러지지 않습니다"(1코린 13,8)라고 했습니다. 그리스도의 부활에 대한 희망이 우리를 하나로 묶어 줍니다. 이 희망은 작별의 시간에도 우리를 위로합니다.

독일 루터교 지방 교회 감독
한스 크리스티안 크누트 드림

알로이스 수사님께

지난 며칠 동안 로제 수사님의 모습, 그분의 얼굴이 눈앞에 아른거립니다. 그분의 목소리도 귓가에 맴돕니다. 수사님도 그러시겠지요. 저와 아내는 떼제에 두 번 갔었습니다. 그때마다 저녁기도 시간 후 로제 수사님의 초대로 그분 방에서 저녁 식사를 함께했습니다. 저녁기도 시간에 무릎을 꿇고 앉아 있던 그분을 기억합니다. 바로 그 자리에서 그분이 피살되었습니다. 방금 전 한 여학생이 제게 물었습니다. "떼제의 기도 시간에는 하느님이 손에 잡힐 듯이 가까이 계세요. 그런데 어떻게 바로 그런 자리에서 로지 수사님이 피살될 수 있단 말이에요?" 정말 참혹한 일이며 사람의 이성으로는 이해할 수 없는 일이라 여겨집니다. 하지만 우리가 하느님을 이해할 수 없다고 해도 그리스도는 현존하십니다. 장례식 때 저희들의 마음은 떼제로 날아가 수사님들 곁에 있을 것입니다. 장례식에 갈 수 없더라도 작별 예배와 앞날의 부활을 위한 잔치를 생각하겠습니다.

로제 수사님께서 수백만 명, 특히 젊은이들을 위해 이루신 공로에 대해 저희 교회는 깊은 감사의 마음을 품고 있습니다. 그분은 정말 하느님께서 내려 주신 은총이었습니다. 수사님들과 수녀님들께 인사를 전해 주십시오.

알로이스 수사님, 새로 맡으신 큰일을 해 나가실 때 하느님의 은총이 가득하길 기도합니다.

구 개신교 지방 교회 감독, 현 로쿰 수도원장
<u>호르스트 히르쉴러</u> 드림

떼제의 수사님들과 알로이스 수사님께

　로제 수사님께서 이 세상을 떠나셨다는 소식을 아내와 함께 들었습니다. 저녁기도 시간에 그리스도인들 한가운데서 정신병에 걸린 한 여자의 칼에 살해되셨다니! 정말 끔찍하기 짝이 없는 잔인한 일입니다. 무엇보다도 도저히 설명될 수 없습니다. 그러나 곰곰이 생각해 보면 깊은 신앙을 바탕으로 한 그분 삶의 이런 참혹한 종말에는 하느님의 순교자가 지닌 빛이 비치고 있습니다! 그분의 죽음에 깊은 애도를 표하며 그분의 죽음으로 인해 떼제 공동체와 그 외의 다른 곳에서 일어난 여파에 대해 안타까워하고 있습니다. 하느님께서 여러분과 함께하실 것이며 앞으로도 계속 여러분 곁에 계실 것입니다. 그리고 수많은 사람을 위해 여러분을 축복하실 것입니다!

　로제 수사님은 드레스덴에서 열린 '젊은이들의 예배'에 참석하기 위해 두 번이나 드레스덴에 오셨습니다. 그때마다 저희 집에서 묵으셨지요. 십자가 교회뿐 아니라 다른 교회들도 신자로 꽉 찼었습니다. 이 행사는 사회주의 체제하에 있던 동독의 많은 젊은이에게 희망을 안겨 준 아주 중요한 일이었습니다.

　저희 집에서 거리낌 없이 나누었던 대화, 경찰이 도청하지 못하도록 엘베 강 가에서 산책하며 나눈 대화를 잊지 않고 있습니다. 로제 수사님은 하느님의 뜻이 무엇인지, 하느님이 우리에게 어떤 일을 맡기시는지 섬세한 신앙의 감각으로 마음의 문을 활짝 열고 들을 수 있는 능력을 갖춘 분이었습니다. 이를 체험할 수 있었던 일도 저는 잘 기억하고 있습니다.

그분은 처음부터 개신교와 가톨릭의 일치를 도모하겠다는 영적 갈망을 품었습니다. 많은 사람이 이 갈망을 나누었습니다. 이 갈망은 앞으로도 계속 힘을 발휘할 것입니다. 그분은 정말 그리스도를 따라 길을 간 사람이었습니다.

저희는 여러 번 떼제에 갔지만 지금은 유감스럽게도 갈 수 없는 형편에 있습니다. 저와 아내는 감사하는 마음으로 여러분에게 하느님의 축복이 내리기를 기도하고 있습니다.

작센 주 지방 교회 감독
요한네스 헴펠 드림

존경하는 알로이스 수사님께

로제 수사님이 피살되셨다는 소식을 듣고 엄청난 충격을 받았습니다. 수사님과 공동체 수사님들께 깊은 애도의 뜻을 표합니다. 저는 모든 수사님을 위해 기도하고 있습니다.

지난 화요일에 일어난 사건은 실로 할 말을 잃게 만듭니다. 이성으로는 이런 끔찍한 사건을 이해하기 힙듭니다. 이런 상황에서는 신앙의 굳건한 신뢰만이, 하느님이 참으로 우리의 삶과 죽음을 주재하시는 분이라는 확신만이 우리를 도와줄 수 있을 것입니다. 우리와 우리 삶에 대한 하느님의 계획은 설명될 수 없고, 많은 것이 영원히 수수께끼로 남아 있습니다. 할 말을 잃고 슬퍼하는 우리를 위로해 주는 것이 있다면, 하늘 나라에서 하느님이 그분의 손으로 로제 수사님을 감싸고 계실 거라는 믿음일 것입니다. 제가 드리는 이 짧은 편지는 수사님들에 대한 저의 깊은 연대감을 표현하는 성실한 증거로서 받아 주시기 바랍니다. 평화와 화해를 이루기 위한 로제 수사님의 끊임없는 노력과 떼제 공동체의 정신은 특히 사회주의가 지배하던 동독의 젊은이들에게 살아 있는 희망이었습니다. 로제 수사님은 묵상과 삶을 위한 준비, 이 두 가지가 다 중요하다고 강조했습니다. 그의 이런 요청은 동독의 그리스도인들이 일상의 가혹한 싸움들을 이겨 나가도록 도와주었습니다. 그는 당시 젊은이들이 어려운 환경에 처해 있음을 잘 알고 있었고 이 환경에서 싸움을 견뎌 낼 수 있도록 용기를 북돋아 주었습니다. "하느님은 우리에게 날마다 그날 필요한 분량의 믿음을 주셔서 우리가 일상에서 겪는 일들에 휩쓸려 가지 않도록 해 주십니다." 저희 작센 주 그리스도인들은 감사하는 마음으로 로제 수사님과의 좋았던 만남들을 되돌아보고 있습니다.

작센 주 루터교 지방 교회 감독
요헨 볼 드림

사랑하는 수사님들께

   로제 수사님이 피살되셨다는 소식을 듣고 저희 바이에른 주 루터교 신자들은 몹시 슬퍼하고 있습니다. 도저히 납득할 수 없는 이 사건에 저희 모두는 그저 아연실색하고 있을 따름입니다.

   바이에른 주 개신교는 많은 사람에게 신앙의 고향을 보여 주었고 교회 일치라는 목표에 다가가기 위해 온갖 노력을 마다하지 않았던 한 훌륭한 사람을 잃어 슬퍼하고 있습니다. 로제 수사님은 그 어떤 폭력도 거부하셨으며 평생 평화를 위해 헌신하셨습니다. 이런 분이 그렇게 무참하게 살해되었다는 것은 참으로 참혹한 일입니다. 그분은 특히 젊은이들에게 묵상과 내면을 향한 영적 투쟁의 길을 가르쳐 주었습니다. 그분은 관용과 일치가 다스리는, 지금과는 다른 세상을 이루기 위해 수십 년 동안을 쉬지 않고 온 힘을 바치셨습니다. 그분의 이러한 노력은 많은 흔적을 남겼습니다. 1940년, 로제 수사님은 프랑스에서 떼제 공동체를 세웠습니다. 그때 로제 수사님은 나치를 피해 도망하던 유대인들과 피난민들을 생명의 위험을 무릅쓰고 보호해 주었습니다. 이런 일을 하던 끝에 세워진 공동체야말로 그의 생애의 긴 여정에 결정적인 포석이었다고 생각합니다. 그때부터 떼제라는 이름은 교회 일치를 뜻하며, 설립자인 로제 수사님과 떼려야 뗄 수 없습니다. 떼제의 영성은 우리 교회에 큰 영향을 끼쳤습니다. 떼제의 전례를 따르는 기도 모임과 성가집에 실린 떼제 노래들은 저희의 신앙생활에서 없어서는 안 될 중요한 요소가 되었습니다.

  저희는 이 사람을 잃은 데 대한 슬픔을 이기고 그 슬픔에서 나와 로제 수사님의 뜻을 따라 자신의 삶과 이웃의 삶을 풍성하게 할 힘과 용기를 얻게 되기를 희망하며 기도합니다. 어려운 시기에 저희의 기도가 수사님들의 공동체에 가닿기를 간절히 바랍니다.

바이에른 주 루터교 지방 교회 감독 대리
수잔네 브라이트케슬러 드림

존경하는 알로이스 수사님께

    떼제 공동체 설립자이신 로제 수사님께서 피살되셨다는 소식을 듣고 저는 큰 충격을 받았고 몹시 슬퍼하고 있습니다. 수사님과 공동체의 다른 수사님들께도 심심한 조의를 표합니다. 세계 방방곡곡에서 수많은 사람이 수사님들의 슬픔을 같이 나누고 있음을 아신다면 수사님들께 조금이나마 위로가 되지 않을까 생각합니다.

    그런 참혹한 행위는 언제나 이해하기 힘듭니다. 범행을 저지른 여자는 여러 교파, 여러 나라 간의 형제애와 상호 이해, 특히 비폭력을 위해 평생을 헌신한 사람을 살해했습니다.

    로제 수사님은 떼제 공동체의 원장으로서 수십 년간 교회 일치를 위해 크게 공헌을 하신 분입니다. 특히 떼제를 젊은이들이 자신의 삶이 나아갈 방향을 찾을 수 있는 곳으로 만드셨습니다. 떼제 공동체는 상대방의 존귀함과 유일성을 존중할 뿐 아니라 구체적인 삶 속에서 개인을 형제자매로 여기고 대해 줍니다. 세계 여러 나라, 여러 교파의 사람들은 떼제 공동체가 자신을 온전히 받아들이고 있다고 느낍니다. 신앙의 잔치를 벌이고 사람들 사이에 놓인 한계를 허무는 것, 로제 수사님은 떼제에서 바로 이것을 온 세상에 보여 주었습니다. 전 세계에서 열린 국제적인 떼제 젊은이 모임을 통해 '세계 청년 대회'가 열리는 데 공헌하셨습니다.

    지난 6월, 로제 수사님은 아흔 번째 생신에 제가 보내 드린 축하 인사에 이렇게 답을 주었습니다. "저희 형제들은 저희 삶이 하느님의 부름에 대한 구체적인 응답일 때 그 의미를 얻게 된다는 사실을 잘 알고 있습니다. 하느님은 우리 앞에 놓인 길이 어떤 길인지 미리 알려 하지 말고 한 걸음 한 걸음 나아가라고 저희를 부르십니다." 이 글에서 분명하게 느낄 수 있는 하느님에 대한 신뢰에 깊은 감동을 받았습니다. 그분이 이렇게 생각하고 느꼈음을 아는 것이 그분의 죽음을 슬퍼하는 우리 모두에게 위로가 될 것입니다.

침묵 가운데서 수사님과 형제 수사님들께 인사를 보냅니다.

독일 연방 공화국 대통령
호르스트 쾰러 드림

사랑하는 알로이스 수사님께

로제 수사님이 '화해의 교회'에서 피살되셨다는 소식을 듣고 깊은 충격에 빠졌습니다. 교황께서는 지칠 줄 모르고 평화와 화해의 복음을 증거한 로제 수사님의 영혼이 고이 잠들기를 간절히 기도하고 계십니다. 쿠투리에 신부님이 리옹에서 교회 일치에 대한 자신의 생각을 실천에 옮기고 있던 시기에 신앙이 깊고 교회를 열정적으로 사랑하던 로제 수사님은 떼제에 공동체를 세웠습니다. 얼마 지나지 않아 전 세계 젊은이들이 이 공동체를 찾아왔습니다.

떼제에서는 여러 세대의 그리스도인들이 자신이 속한 교파를 소홀히 하지 않으면서 기도와 형제애 가운데서 그리스도와 만나는 진정한 신앙 체험을 했습니다. 이렇게 하여 그들은 평화의 끈으로 교회 일치를 삶 가운데서 이루라는 부름에 응답했습니다. 교황께서는 로제 수사님의 죽음 앞에서 슬픔에 가득 차 있는 떼제의 수사님들 그리고 모든 다른 이와 함께 기도하고 계십니다. 그리고 주님께서 이 모든 사람에게 힘을 주셔서 로제 수사님이 이룬 화해의 업적을 계속해 나갈 수 있도록 해 달라고 기도하십니다. 이 뼈아픈 시련의 시기에 여러분 모두의 마음을 위로하기 위해 교황께서는 온 마음을 다해 여러분에게 사도의 축복을 보내십니다.

교황청 국무원장
안젤로 소다노 추기경 드림

사랑하는 수사님들 그리고 친구들께

   여러분과 마찬가지로 저도 지난주에 일어난 참극 때문에 마음의 갈피를 못 잡고 있습니다. 그러나 오늘이 슬퍼할 날만은 아닙니다. 사랑하는 로제 수사님의 비범한 생애가 완성되었음을 기뻐해야 할 날이기도 합니다.

   종교 문화의 풍토를 근본적으로 바꾸는 일은 한 세대에서 단 몇 사람만이 이룰 수 있는 어려운 일입니다. 로제 수사님이 바로 이 일을 해냈습니다. 그분은 서로 다른 교파의 그리스도인들에게 같이 수도 생활을 하자고 요청하면서 교회 일치를 위한 새로운 관점을 확고히 했습니다. 그리고 셀 수 없이 많은 젊은이에게 그리스도교의 새로운 모습을 보여 주었습니다. 그분은 제2차 세계대전 이후의 유럽에서 먼저, 그다음으로 전 세계의 여러 교파의 교회에게 화해가 무조건 최우선 순위가 되어야 함을 보여 주었습니다. 이 모든 일을 이루어 가면서 그분이 취한 삶의 자세가 가장 중요했습니다. 그분은 위계질서 안에서 한자리를 차지하려 하지 않았습니다. 만약 그랬더라면 그분에게는 더 많은 권위가 주어졌겠지요. 로제 수사님은 정치가들의 권력 놀음과 제도 간의 싸움에 말려들지 않았습니다. 그의 권위는 진정한 수도원장의 권위, 즉 하느님 안에서 아버지로서, 형으로서 갖는 그런 권위였습니다. 이런 권위를 가진 사람은 기도와 일, 연구 그리고 헌신적인 공동체가 갖는 투명한 시각을 통해 참을성 있게 하느님께 바라면서 인간과 사물을 판단할 눈을 기르는 법입니다.

그분의 삶과 증언은 우리 그리스도교의 모든 제도를 복음의 도전 앞에 세우고 있습니다. 복음의 도전이란 우리의 진정한 능력이 어디에 있는가를 깨닫기 위해 겸허하게 살고 귀 기울여 들을 자세를 갖춤으로써 정말 믿어운 그리스도인이 되라는 요청입니다. 오늘 우리는 하느님께 로제 수사님의 삶이 우리 그리스도교 제도들이 지니고 있는 자기 만족에 의문을 던지는 그런 삶이었다는 사실에 대해 감사를 드립니다. 우리가 로제 수사님의 삶에 대해 감사를 드리는 것은 유행을 따르기 위함이 아니고 게으름의 소치도 아니며 어리석은 급진주의에 물들었기 때문도 아닙니다. 그저 예수 그리스도의 복음의 이름으로 화해를 도모하기 위해 그러할 뿐입니다. 로제 수사님의 삶은 하느님의 은총이며 도전입니다. 앞으로도 계속 그러할 것입니다. 그리스도교 세계에서만이 아니라 다른 곳에서도 널리 사람들의 사랑을 받고 소중하게 여겨지는 떼제 공동체가 미래에도 계속 우리에게 이 선물을 줄 수 있기를 기도합니다.

성공회 신자들과, 특히 믿음 가운데서 여러분의 형제인 저는 공동체를 변함없이 사랑할 것이며 공동체를 위해 기도할 것입니다.

캔터베리 대주교
로완 윌리엄스 드림

그리스도 안에 있는 사랑하는 형제들께

  로제 수사님이 피살되었다는 소식을 듣고 저희는 깊은 충격을 받았습니다. 떼제 공동체에게 충심으로 애도의 뜻을 표합니다.

  로제 수사님의 죽음으로 우리는 지난 70년간 '교회 일치 운동'에서 가장 중요한 인물을 잃게 되었습니다. 저희는 형제 여러분의 슬픔을 같이 나누고자 합니다. 그분이 남긴 유산은 평화 가운데서 서로 화해하는 일, 그리스도의 사랑 가운데서 복음을 구체적으로 실천하는 일일 것입니다. 저희는 기도 중에 돌아가신 분을 기억하고 있습니다. 로제 수사님은 이 땅에서 그분이 믿었던 것을 이제 하느님의 평화 가운데서 직접 바라보고 계실 것입니다.

  침묵하면서 여러 수사님들께 축복과 인사를 보냅니다.

독일 그리스 정교회 대주교이자 전前 중부 유럽 총주교
아우구스티누스 드림

수사님들께

  "나는 너희에게 평화를 남기고 간다. 내 평화를 너희에게 준다. 내가 주는 평화는 세상이 주는 평화와 같지 않다. 너희 마음이 산란

해지는 일도, 겁을 내는 일도 없도록 하여라"(요한 14,27).

　로제 수사님께서 믿기 어려운 일로 돌아가셨다는 소식을 듣고 저희 모두는 매우 큰 충격을 받았습니다. 저는 '세계 교회 협의회'의 이름으로 저희 역시 이루 헤아릴 수 없는 슬픔 가운데 있음을 전하며 충심으로 애도를 표합니다. 저희는 수사님들과 깊은 유대를 느끼고 있습니다. 저희 기도는 수사님들의 기도, 수많은 청소년과 성인의 기도와 단단히 연결되어 있습니다. 이 사람들은 떼제 공동체에서 하느님의 말씀을 들으면서 자기들의 신앙을 새롭게 하였고 다른 사람들을 향해 마음의 문을 여는 법을 배웠습니다. 그들에게 떼제는 그 어느 곳과도 비교할 수 없는 유일무이한 곳입니다.

　로제 수사님은 그분이 한평생 사셨던 모습 그대로, 공동체 한가운데서 기도하시다 돌아가셨습니다. 수사님의 삶은 복음과 교회 일치를 위한 대화의 증언이었지요. 그분은 20세기에 큰 영향을 미친 분이었습니다. '하느님의 오늘'에 이루어질 평화와 화해에 대한 비전은 그분에게뿐 아니라 그분이 세운 공동체로 하여금 전력을 다해 일하게 한 원동력이었습니다. 이 비전은 유럽과 전 세계 젊은이들에게 신앙을 북돋아 주고 새롭게 해 주는 샘이기도 했습니다. 젊은이들은 변혁 과정에 있는 이 세상에서 의미를 부여할 영성을 찾아 길을 나섰고 앞으로도 그 길을 갈 것입니다. 로제 수사님은 제도의 장애를 넘어서 믿는 사람들이 교회 일치를 위한 진정한 대화를 찾도록 지칠 줄 모르고 노력하셨습니다. 그 누구보다도 젊은이들이 그분의 노력에 적극적으로 반응했습니다.

떼제 공동체는 그분의 영적 지도 아래 전례를 새롭게 하여 하느님 찬양을 삶 가운데서 실천했습니다. 뿐만 아니라 가난한 이들과의 유대를 구체적으로 실천하고 있습니다. 그리하여 공동체는 하느님 찬양과 가난한 이들과의 유대가 서로 융합될 수 있다는 것을 온 세상에 보여 주었습니다. 현재 '교회 일치 운동'을 위해 헌신하는 수많은 사람은 바로 이 진정한 복음의 영성에 고취되었고 앞으로도 그럴 것입니다.

로제 수사님은 저희에게 그리스도교 신앙이 이 세상과 이 세상의 모든 사람에게 가져다준 희망의 화신이었습니다. 이런 비극적인 일이 일어났지만 하느님께서 로제 수사님을 보내 주셔서 순례길을 가는 우리를 동행하도록 해 주신 것에 감사드립니다. 그분의 형제들인 여러분은 로제 수사님께서 닦아 놓으신 길을 계속 가야 할 책임이 있습니다. 일치, 평화, 화해를 향한 이 길을 밝혀 주는 횃불이 꺼지지 않도록 할 책임을 이제 짊어지셨습니다. 저희는 모든 수사님과 깊은 유대를 느끼고 있음을 다시 한 번 말씀드리며 기도 가운데서 여러분을 동행할 것을 약속드립니다.

로제 수사님이 피살되던 순간 가까운 자리에서 목격한 사람들을 위해 기도합니다. 그들이 이 일을 계기로 세상의 폭력에 항거해 더 헌신할 힘을 얻게 되길 간절히 기도합니다. 이 끔찍한 일을 저지른 여인을 위해서도 기도하고 있습니다. 그녀의 삶이 하느님의 은총으로 변화되기를 간구합니다.

성령께서 수사님들의 생각과 마음을 주재하시기를 기도합니다.

로제 수사님이 수사님들께 물려주신 유산에 감사하며 그 유산을 지속시킬 힘 또한 선사해 주시기를 기도합니다. 그분의 유산은 희망과 평화 그리고 화해의 비전을 담고 있습니다. 우리가 사는 이 세상은 이 비전을 절실하게 필요로 합니다.

제네바 세계 교회 협의회 임시 사무총장/조문단 대표
쥬느비에브 쟈크 드림

존경하는 알로이스 수사님께

　로제 수사님께서 피살되었다는 소식을 듣고 큰 충격을 받았습니다. 그분의 죽음으로 인해 그리스도교는 탁월하고 모범적인 한 인물을 잃었습니다. 떼제는 모든 교파의 경계를 초월해 진정한 그리스도교 신앙을 새롭게 하는 장소로 인정받고 있습니다. 이것이 가능하게 된 것은 로제 수사님께서 교회 일치와 민족 간의 상호 이해를 위해 끊임없이 노력했기 때문이며 그분의 인격적 영향력 때문이기도 합니다. 로제 수사님은 떼제를 해마다 전 세계에서 온 젊은이 수천 명이 만나는 장소로 만들었습니다. 거기서 그들은 다른 그리스도인들과 자신의 신앙에 대해 대화를 나누고자 합니다. 떼제에서 그들은 신앙의 경험을 쌓고 새로운 자극을 얻고 있습니다.

　교황 요한 바오로 2세의 장례식 때 로제 수사님께서 당시 라칭거 추기경에게서 영성체를 받아 모시는 모습을 보고 무척 감동했습니다. 잊을 수 없는 그 순간은 앞으로도 오랫동안 교회 일치를 위한 희망의 상징으로 남을 것입니다. 이 순간은 로저 수사님께서 평생

을 바쳐 이루신 것을 뜻하며 우리에게 남기고 가신 일을 앞으로도 계속하라고 용기를 북돋아 주는 상징이기도 합니다.

로제 수사님의 후임자로 떼제 공동체의 원장이 되신 수사님의 앞날에 행운과 건강 그리고 하느님의 축복이 함께하길 기도합니다.

독일 기독민주연합(CDU) 의장
앙겔라 메르켈 드림

존경하는 알로이스 수사님께

모든 사람에게 존경받던 로제 수사님의 죽음 앞에서 저는 수사님과 다른 수사님들께 충심으로 애도를 표합니다.

전 세계는 그분의 죽음에 대한 끔찍한 사건에 큰 충격을 받았습니다. 쾰른에서 교황의 도착을 기다리는 세계 각국의 젊은이들은 화해와 평등을 향한 길을 닦아 놓으신 크신 분의 죽음을 슬퍼하고 있습니다. 그분은 많은 사람에게 삶의 방향을 가리켜 주었고 교파를 초월해 화해의 손을 내미셨습니다. 도움이 필요한 사람에게 거절하는 법이 없었고 인간의 곤경에 대한 이해는 경계가 없었습니다. 부르고뉴의 작은 마을 떼제는 로제 수사님의 가르침을 전 세계에 전했습니다. 그의 집은 먼저 박해받던 유대인들이 숨을 곳이었습니다. 로제 수사님은 떼제 근처의 독일인 포로수용소에 있던 전쟁 포로들을 당연한 일인 양 돌봐 주었습니다. 이 얼마나 넉넉한 마음이며 얼마나 큰 이웃 사랑의 본보기입니까!

알로이스 수사님, 독일인이신 수사님은 이제 로제 수사님의 길을 계속 가야 할 책임을 맡게 되셨습니다. 로제 수사님은 많은 이정표를 세워 놓으셨고 이제는 하느님 곁에 계십니다. 그분은 평생을 하느님을 위해 사셨고 또 싸웠습니다. 저희는 항상 존경과 감사의 마음으로 로제 수사님을 추모할 것입니다.

존경의 마음을 표하며 침묵 가운데서 인사를 보냅니다.

라인란트팔츠 주정부 총리
쿠르트 벡 드림

벗님들의 조문 편지

로제 수사의 죽음 후 떼제의 수사들은 이루 셀 수 없이 많은 편지와 전자우편, 전화를 받았다. 여러 사람을 대표해서 조문을 보내는 사람도 많았다. 이 조문들은 거의 모든 나라에서 날아왔으며 어린이부터 노인까지 보낸 사람도 다양했다. 많은 곳에서 공동기도와 예배가 올려졌다. 어떤 곳에서는 장례식이 거행되는 시간에 기도 모임이 열렸다. 수사들은 모든 편지를 빠짐없이 읽었다. 모든 편지가 특별하고 쓴 사람의 안타까운 마음을 드러내고 있었다. 이 편지들은 '이 세상 신뢰의 순례길'에서 이루어진 수십 년간의 다양한 만남들이 얼마나 넓고 깊었는가를 여실히 드러내 주고 있다. 이 넓이와 깊이를 한마디로 표현할 수는 없으리라. 우리는 그 수많은 편지를 대표해 몇 가지만 이 자리에 소개한다.

'세계 청년 대회' 때 로제 수사님이 도저히 납득할 수 없는 죽음을 당하셨다는 소식을 듣고 너무나 놀랐습니다. 떼제의 몇몇 수사님은 아직 쾰른과 본에 머물고 계신다는 말을 듣고 나니 마음이 조금 위안이 되었습니다. 특히 수사님들과 다른 많은 사람과 함께 저녁에 같이 기도하고 노래할 수 있어서 다행이었습니다. 우리가 같이 부른 노래들이 제 마음을 열어 슬퍼할 수 있도록 해 주었습니다. 이 노래들은 로제 수사님께서 그분의 삶을 통해 이루신 일들이 영원하리라는 희망도 안겨 주었습니다.

세상은 그 어느 때보다도 더 시급하게 떼제 공동체를 필요로 합니다! 이제 공동체가 삶으로 보일 증언은 그 깊이를 더해 갈 것입니다. 이 증언은 고통과 슬픔을 알게 되었으며 로제 수사님이 그분의 죽음을 통해 그리스도와 더욱 닮게 되셨기 때문입니다. 떼제는 제게 항상 많은 것을 줍니다. 감사합니다.

람에서 노트부르가

하느님은 어둠의 행위를 통해 사도행전(사도행전은 올해 청년 모임의 주제이지요)의 위대한 연출가로서의 면모를 다시 한 번 보여 주셨고, 모두의 예상과는 전혀 다른 방법으로 떼제의 새 장을 열어 주셨습니다. 그리스도를 자신 안에 모셨던 로제 수사님은 상상했던 것보다 훨씬 더 많이 전 세계에 알려지고 있습니다. 로제 수사님과 떼제에 대한 가톨릭의 입장은 전 세계에 걸쳐 저절로 변화하고 있습니다. 우리 오스트리아에서도 그런 변화가 이루어지지 않을까 합니다.

수사님들 그리고 수사님들과 깊은 유대를 맺고 있는 저희는 로제 수사님께서 이루어 놓으신 일들에 더욱더 헌신할 것이며 타오르는 불처럼 열정적이며 결연한 자세로 임할 것입니다. 로제 수사님의 죽음은 어떤 것이든 견딜 각오가 되어 있는 수많은 사람을 더욱 정진하게 할 것입니다. 로제 수사님은 앞으로도 우리 모두 안에서 마음의 평화를 퍼뜨리실 것입니다. 그분의 축제와 빛은 이제 정말 끝간 데 없고 그러면서도 우리 가까이에 있습니다.

빈에서 베티나와 알렉산더

로제 수사님께서 피살되셨다는 소식을 듣고 슬픔을 주체하지 못하고 있습니다. 처음에는 도저히 믿을 수 없었습니다. 예수님처럼, 너무나 온유한 그분이 그렇게 생을 마감하시다니요. 그 죽음 뒤에는 어쩌면, 아니 분명 어떤 의미가 숨어 있을 것입니다. 그 사건을 목격해야 했던 이들이 위로받기를 빌며 우리 모두가 범행을 저지른 여자를 로제 수사님에 대한 우리의 사랑 안에 끌어안을 수 있기를 바랍니다. 로제 수사님을 위해 저는 자그마한 제단을 마련했습니다. 앞으로 사흘 동안 그 제단에서 촛불을 밝히겠습니다.

뷔르크슈타트에서 마리안네

로제 수사님의 피살 소식은 큰 충격이었습니다. 하지만 그분은 떼제가 이룬 큰 업적에 특별한 축복을 주기 위해 그렇게 돌아가셔야 했던 것은 아닐까요. 떼제의 일을 계속하는 것이 중요합니다. 하느님께서 수사님들을 도와주시길 바랍니다.

로이틀링겐에서 요아힘

몸은 떼제에 있지 않지만 제 마음과 슬픔은 수사님들 곁에 있습니다. 저는 1978년에 처음 로제 수사님을 뵈었고 그 후 아헨 대성당에서 그리고 매년 열리는 '유럽 젊은이 모임'에서 자주 뵈었습니다. 그래서 더욱 그분을 떠나보내기가 쉽지 않습니다. 제 가슴 속에는 그분과의 작은 만남들에 대한 기억이 생생하게 남아 있습니다. 다시는 그분을 만날 수 없다는 사실을 도저히 받아들일 수 없습니다.

더구나 그런 납득하기 어려운 죽음을 당하셨다니 믿을 수가 없습니다. 지금은 그 어떤 것도 저를 위로해 주지 못합니다. 떼제의 모든 수사님을 위해 기도합니다. 저도 수사님들과 슬픔을 함께 나누고 있습니다. 이 시간에 수사님들은 저녁기도를 드리고 있겠군요. 제 귀에 "깨어나라. 잠에서 깨어나라"라는 노래가 들려옵니다.

쾰른에서 안토니에

로제 수사님의 죽음에 큰 충격을 받고 수사님들께 애도를 표합니다. 이 사건이 던지는 많은 물음을 저희는 하느님의 신비 안에 담아두며, 하느님은 가장 끔찍한 일도 좋은 일로 변화시키신다는 사실을 믿고 있습니다. 로제 수사님은 돌아가셨지만 떼제에 뿌려진 축복은 계속 남아 있습니다. 떼제는 반석 위에 세워졌으니까요.

린츠에서 마르쿠스와 실리비아

떼제 공동체의 설립자며 원장이신 로제 수사님이 살해되셨다는 소식에 너무나 당황했습니다. 어떤 일이 일어났는지 머리와 가슴으로 헤아리기까지 많은 시간이 흘러야 할 것입니다. 제가 젊은이들과 자주 떼제를 찾아갔던 지난 몇 년은 제 삶의 방향을 찾은 중요한 시기였습니다. 저의 길은 공산주의를 신봉하는 일로 시작되었습니다. 그때 제 삶은 고통뿐이었습니다. 그러다 여러 교파를 거쳐 떼제에 이르게 되었습니다. 떼제는 제게 중요한 정거장이며 꼭 거쳐야 했던 거점이었습니다. 떼제에서 저는 어떻게 하면 젊은이들과 바람직한 관계를 맺을 수 있는지 배울 수 있었습니다. 우리는 순례길을 가고 있습니다. 암흑의 세력에 맞서 최후의 싸움을 치르고 있는 중이기도 합니다. 그러므로 서로 싸우지 않는 것이 중요합니다.

에르푸르트에서 베라

제게 아버지 같았던 로제 수사님께서 세상을 떠나셨다는 사실을 오늘까지도 도저히 믿고 싶지 않았습니다. 하지만 텔레비전에서 장례식을 보고 난 지금, 그분께서 정말 돌아가셨다는 사실이 분명해집니다. 그분이 돌아가신 직후 '세계 청년 대회'가 열리던 며칠 동안 저는 수많은 젊은이와 기도하면서 그분을 추모했습니다. 주님께서 로제 수사님을 우리가 사는 시대에 보내 주셨음에 감사드렸습니다. 우리는 로제 수사님을 빼앗긴 것이 아닙니다. 하느님 나라에서 그분의 중재를 통해 이 땅에서 그분이 시작하고 이루신 일을 계속하실 것이기 때문입니다. 그분의 생명은 빼앗긴 것이 아니라 변모되었습니다. 종교개혁으로 교회가 분열된 이후 전체 그리스도교의 첫 성인聖人으로 로제 수사님이 받들어지기를 바라면서 기도하고 있습니다. 그분이 이루신 일이 계속되기를, 모든 그리스도인이 서로의 다양함을 간직하고 인정하면서 하나 되기를 희망합니다.

헤르초겐아우라흐에서 프란츠

텔레비전에서 로제 수사님의 장례식을 보며 저는 마음으로 장례식에 참석했습니다. 그토록 아름다운 장례식을 마련해 주셔서 정말 감사합니다. 부활하신 그리스도의 영뿐 아니라 로제 수사님께서 저희를 위로해 주시고 있음을 생생하게 느낄 수 있었습니다. 이를 어떻게 말로 다 표현할 수 있을까요. 로제 수사님께서 시작하신 일을 수사님들은 순수하고 성실한 마음으로 계속해 나가시겠지요. 오늘날에는 어느 교파에 속하는지 따지지 않고도 예수님의 이름으로 모일 수 있음을 시간이 지나면서 점점 더 분명하게 깨닫고 있습니다.

저는 20년 전쯤 로제 수사님을 만날 수 있었던 것에 하느님께 깊은 감사를 드립니다. 그분은 삶을 향해 난 문을 활짝 열어 주셨으며 끊임없는 기도와 노래, 묵상을 통해 일상의 삶에서 희망을 발견할 수 있는 방법을 보여 주었습니다.

뮌헨에서 헬가

로제 수사님께서 피살되셨다는 소식은 저에게 큰 충격과 슬픔을 안겨 주었습니다. 그러나 곧 로제 수사님이 이제 하느님의 빛 한가운데서 그분의 삶을 완성하셨다는 것을 깨닫고 나니 위로가 됩니다. 그분이 '저 높은 곳에서' 젊은이들과 떼제를 계속 보호해 주시리라고 굳게 믿습니다. 이렇게 생각하며 마음을 달랩니다. 저는 로제 수사님이 사랑과 어진 마음 그리고 신뢰를 삶으로 고스란히 보여 주신 분이라고 여겨 왔습니다. 그분과의 만남은 신앙의 의미를 찾아 나선 저를 동행해 주었고 그 길에 큰 영향을 미쳤습니다. 이에 대해 저는 감사하고 있습니다. 그분이 돌아가신 지금. 그분이 삶으로 보여 주셨던 사랑, 어진 마음, 신뢰를 이제는 제가 더 많이 삶으로 보여야겠습니다. 이렇게 하기 위해 저는 온 힘을 다해 노력하겠습니다. 떼제는 앞으로도 젊은이들, 어린이를 둔 가족들, 마음이 아직 젊은 어른들에게 삶의 방향을 제시하고 위안을 주며 만남의 장소로 남아 있으리라 굳게 믿습니다.

밤베르크에서 에디트

로제 수사님은 성실한 자세로 삶의 모범을 보여 주셨습니다. 그분은 사랑과 믿음에 대해 설교만 한 것이 아니라 삶에서 구체적으로 실천하셨습니다. 저는 이상한 체험을 했습니다. 8월 17일과 18일 사이의 밤이었어요. 잠이 안 와서 새벽 3시에 일어나 떼제에 대한 글을 쓸까 하고 사진을 골랐습니다. 5시쯤 다시 한 시간을 잤습니다. 그러고 나서 그날 아침 로제 수사님의 피살 소식을 들었습니다. 저는 마치 주사라도 맞은 듯 멍하게 며칠을 보냈고 아직도 마음을 다잡지 못하고 있습니다. 떼제에 대한 글은 우리가 직접 만날 수 있었던 한 놀라운 인물에 대한 추모의 글이 되고 말았습니다. 교황 요한 바오로 2세의 장례식 때 라칭거 추기경께서 그때까지 자신이 견지하던 교회 일치에 대한 입장을 접어 두고 로제 수사님에게 영성체를 베푸는 모습을 보고 참으로 기뻤습니다. 그때 저는 이제 '교회 일치 운동'에도 봄이 오나 보다고 생각했습니다. 교황이 되신 당시 라칭거 추기경께도 저의 생각을 써서 보냈습니다. "삶에서 유일하게 중요한 것은 우리가 떠날 때 남겨 놓을 사랑의 흔적들이다."

아벤스베르크에서 크리스타

8월 16일 화요일 저녁, 저는 기도 시간에 맞춰 '화해의 교회'로 들어가 일부러 로제 수사님이 잘 보이는 자리를 골라 앉았습니다. 그렇게 저는 이 무서운 사건의 목격자 가운데 한 명이 되었습니다. 제가 '무서운'이라는 표현을 쓰고, 이 사건이 제게 충격과 슬픔은 안겨 주었지만 실은 무서움을 느끼지는 않았습니다. 저뿐 아니라 기도 시간에 참석했던 사람 대부분도 이렇게 생각하게 된 데는 수사님들의 공이 큽니다. 사건이 일어난 직후 수사님들은 애매모호한 말로 얼버무리지 않고 분명하게 말씀하셨습니다. 감추려 하지 않았으며 그러면서도 신중한 자세가 필요한 상황에서는 아주 조심스럽게 행동하셨습니다. 수사님들은 사람들이 던지는 온갖 질문에 어설프게 대답하지 않으셨습니다. 무엇보다도 그분들이 갖춘 용서의 자세가 제게 깊은 인상을 남겼습니다. 로제 수사님의 시신이 소박하면서도 존귀하게 모셔졌던 것도 모범이 되었습니다. 저는 텔레비전에서 장례식을 지켜 보았는데 장례식 절차가 아주 기품이 있었습니다. 누가 제게 떼제에서의 그 일주일이 어땠느냐고, 너무 무섭지 않았느냐고 묻는다면 저는 단지 살면서 일어날 수 있는 일이었으며 어떻게 하면 하느님에 대한 믿음 가운데서 삶을 꾸려 나갈 수 있는가를 분명하게 보여 준 시간이었다고 대답할 것입니다. 제 마음속에 떼제 노래들이 울리고 있습니다. 그리고 저는 하느님에 대한 무한한 신뢰를 느낍니다. 수사님들은 하느님에 대한 저의 이런 신뢰를 다시 한 번 더 강하게 해 주었습니다.

뷔르츠부르크에서 한네로레

저는 로제 수사님과 얼굴을 마주한 적도 없고 개인적으로 그분을 아는 것도 아니지만 그분의 죽음으로 삶에 빈자리가 생겼습니다. 떼제 공동체가 얼마나 큰 빈자리를 느낄지 짐작하겠습니다. 지난 여름, 떼제를 떠나던 일요일에 들은 그분의 낮은 목소리가 마지막이었습니다. 여위고 등이 굽은 그분의 모습을 먼 발치에서 마지막으로 뵈었습니다. 그분은 곧 바스라질 듯 약해 보였습니다. 하지만, 아니 바로 그랬기 때문에 그분은 모든 것의 중심이셨지요. 그때 저는 마음속으로 그분과 작별했습니다. 어쩐지 그분을 다시 볼 수 없을 것 같은 느낌이 들었습니다. 그러나 저의 예감이 이토록 갑작스럽게, 이렇게 비극적인 사건으로 현실이 될 줄은 정말 몰랐습니다. 그래서 그분과 작별하기가 더 힘이 드나 봅니다. 장례식에 참석할 수 있어서 다행이었습니다. 장례식에 참석해서 도저히 납득할 수 없는 이 일을 이해할 수 있게 된 듯합니다. 제가 다시 떼제에 간 이유는 바로 로제 수사님 때문이었습니다. 훌륭하신 이 분은 제 삶에 결정적인 영향을 끼쳤습니다. 떼제에 와서 생전 처음으로 무한한 사랑의 눈으로 우리 한 사람 한 사람을 바라보시며 날마다 새롭게 자비를 선사하시는 사랑과 자비의 하느님을 만났습니다. 저는 떼제에 무한히 감사하며 다시 떼제를 찾겠습니다.

라이프치히에서 베아테

로제 수사님께서 돌아가신 후 이틀째 되는 날 서로 다른 교파의 그리스도인들이 이곳의 작은 예배당에서 초교파 저녁기도 모임을 가졌습니다. 저희들은 감사하는 마음으로 로제 수사님을 추모하고 있으며 그분의 죽음 앞에서 수사님들의 슬픔을 같이 나누고 있습니다. 저녁기도 시간에 저희는 로제 수사님께서 쓰신 글을 읽었습니다. "죽음이 끝이 아니라는 사실을 알고 있으면 마음이 평화로 가득 찹니다. 죽음은 하느님께서 우리를 영원히 당신 곁에 거두어 주시는 삶의 길을 열어 줍니다."

바일하임에서 우시와 게오르크

로제 수사님은 떼제에 오는 사람들이 친구인가 적인가를 묻지 않았고, 어느 교파에 속하는가를 따지지도 않았습니다. 그분은 모든 사람에게 하느님의 은총을 선사했을 따름입니다. 바로 그러면서 로제 수사님은 사람들에게 살아 있는 하느님 체험이 무엇인가를 알게 해 주었습니다. 현대인들, 특히 물질주의에 빠져 있는 서구인들, 심지어는 많은 성직자에게도 바로 이 살아 있는 하느님 체험이 결여되어 있다고 봅니다. 가톨릭 신자인 저는 로제 수사님에게서 바로 이 살아 있는 하느님을 체험했습니다. 이 체험에 저는 깊은 감동을 받았습니다. 그 순간부터 저는 '하느님은 살아 계신다! 하느님은 영이시다!'라는 것을 알게 되었습니다. 하느님은 머리로 짜낸 어떤 체계가 아닙니다. 만약 그렇다면 그분은 하느님이 아닐 것입니다. 로제 수사님을 만났을 때 '아, 내가 지금 한 성인 앞에 서 있구나. 흠 없이 온전한 사람, 하느님의 성령에 의해 불타오르는 사람 앞에 서 있구나'라는 느낌이 들었습니다. 그런데 평화와 신뢰, 화해와 가난한 이들과의 유대, 원수를 사랑하라고 선포하던 바로 그분이 폭력의 희생 제물이 되고 말았습니다. 이 점에서 로제 수사님은 마하트마 간디, 마틴 루터 킹, 믿음 때문에 목숨을 잃은 많은 성인, 구약성경의 예언자들, 예수 그리스도와 같은 선상에 있습니다. 폭력에 의한 그분의 죽음은 도저히 납득할 수 없으면서도 어떻게 생각하면 이 거친 세상에서는 거의 정상적인 일이나 다름없다고 여겨집니다. 오늘날, 셀 수 없이 많은 사람이 하느님을 부르고 있습니다. 그러나 저는 이 자리에서 감히 묻고 싶습니다. '하느님의 성인들이 이 세상에서 도살되어 버리는 마당에 하느님께서 그들을 우리에게 보내야 할 이유가 도대체 무엇이란 말인가?' 로제 수사님의 죽음과 관련해서 저는 감히 '우리가 누구를 잃어 버렸는지 우리는 모른다. 그저 짐작만 할 수 있을 뿐이다'라고 말하고 싶습니다.

베를린에서 에리카

당신께 성실한 이들의 죽음이 주님의 눈에는 소중하네

프랑수아 수사

2005년 8월 18/19일 떼제

로제 수사가 피살된 후 '화해의 교회'에서는 한밤중에 노래, 성경 봉독, 침묵으로 이루어진 공동기도가 열렸다. 떼제 공동체에서 가장 나이 많은 수사 가운데 한 사람인 프랑수아 수사가 기도 시간에 말했다.

"성경에는 이런 말이 있습니다. '당신께 성실한 이들의 죽음이 주님의 눈에는 소중하네'(시편 116,15). 로제 수사님의 이 죽음은 끔찍하게도 우선 우리 자신에게 값을 치르게 합니다. 죽음은 그것이 자연스러운 현상일지라도 한 사람을 다른 사람들에게서 빼앗아 갑니다. 그런데 폭력에 의해 한 사람이 살해될 때 그를 빼앗겼다는 느낌은 훨씬 강한 법입니다. 거기다가 정신병력이 있는 사람이 저지른 행위에 의한 죽음은 이 죽음이 부당하게 일어났다는 느낌, 심지어는 절망을 불러일으킵니다. 우리는 폭력에 평화로써만 대답할 수 있습니다. 로제 수사님은 항상 이를 강조했습니다. 평화를 이룩하려면 우리는 몸과 마음을 다 바쳐 전력해야 합니다. 그러므로 우리는 지금 이 시간에 서로에게 평화를 줍시다. 가득 찬 희망이 우리 각자에게 머무를 수 있도록 할 수 있는 모든 노력을 기울입시다.

방금 내가 인용한 성경 구절은 죽음이 우리 인간에게만 값비싼 희생을 의미하는 것이 아니라 하느님이 보시기에도 그렇다고 말합니다. 하느님이 몸소 우리의 고통을 함께 나누십니다. 그분은 우리와 함께 고통스러워하십니다. 성경 구절이 말하듯 하느님께서는 '당신 친구의 죽음'을 느끼십니다.

　로제 수사님은 분명 하느님의 친구였습니다. 하느님은 끝없는 사랑으로 한 사람도 빠뜨리지 않고 우리를 있는 그대로 받아들이시며 우리를 사랑하십니다. 로제 수사님은 하느님이 이렇게 우리를 사랑하신다는 것을 우리가 깨닫게 하려고 온갖 노력을 기울였습니다. 그의 죽음이 하느님께도 고통을 안겨 주는 것이 사실이라면 우리는 로제 수사님을 우리 곁에 있게 해 주신 하느님께 무한한 감사를 드리고 있음을 어서 하느님께 알려야 합니다."

장례식

초교파 공동체 떼제의 설립자 로제 수사의 장례식은 2005년 8월 23일 화요일에 '화해의 교회'에서 열렸다. 발터 카스퍼 추기경과 공동체 수사신부 네 명이 공동 집전한 장례식은 오후 2시에 시작되었다. 같은 시간에 떼제 인근 마을의 성당 열여섯 곳에서 일제히 종소리가 울려 퍼졌다.

장례식은 공동체의 새 원장 알로이스 수사의 추도사로 시작되었다. 이어서 '교황청 그리스도인 일치 촉진 평의회' 의장 발터 카스퍼 추기경의 추모사가 있었다.

세계 여러 나라에서 온 만여 명이 장례식에 참석했다. 교회와 사회의 수많은 지도자도 자리를 함께했는데 호르스트 쾰러 독일 연방 대통령도 참석했다. 예전에 떼제에서 자원 봉사자로 일했던 많은 사람도 장례식에 참석했다.

기도 노래와 함께한 장례식이 끝난 후 로제 수사는 공동체 수사들만 지켜보는 가운데 로마네스크 양식으로 지어진 마을 성당의 작은 묘지에 묻혔다. 로제 수사의 어머니와 공동체의 여러 수사가 이 묘지에 이미 묻혀 있다.

참석자 수가 너무 많아서 교회 바깥에 대형 화면을 설치해 장례식을 중계해야 했다.

알로이스 수사의 추도사

　로제 수사님과 작별해야 하는 이 시간에 여기에 와 주시고 많은 도움을 주신 여러분께 떼제 공동체의 이름으로 감사드립니다. 정교회, 가톨릭, 개신교, 성공회를 대표해 참석하신 여러분께 감사드립니다. 독일과 프랑스, 다른 여러 나라를 대표해 오신 분들께도 감사드립니다. 로제 수사님의 사랑하는 누님 쥬느비에브 씨께 그리고 그분의 가족과 그분을 어머니 또는 할머니로 삼았던 모든 사람에게도 마음으로부터 우러나온 인사를 드립니다.

　로제 수사님은 새로운 길을 여셨고 대단한 열정과 삶의 용기로 우리를 그 길로 인도하셨습니다. 마음 깊은 곳에 자리한 확신이 있었기에 그분은 지칠 줄 모르고 이 길을 계속 가셨습니다. 그분이 늘 품고 계셨던 확신 가운데서 두 가지만 이 자리에서 언급하려고 합니다. 로제 수사님은 "하느님은 예외 없이 모든 인간 개인과 결합해 계신다"는 말을 자주 하셨습니다. 교회 일치를 위해 투신하라는 부름을 받은 저희 공동체는 바로 이 확신을 기반으로 삼았으며 지금도 그러합니다. 우리는 모든 교회와 더불어 이 사실을 믿고자 하며 우리 삶을 통해 이것이 표현되도록 그 어떤 노력도 아끼지 않을 것입니다. 로제 수사님은 모든 나라의 모든 사람, 특히 젊은이들과 어린이들을 마음속에 품고 있었습니다. 우리는 앞으로도 그분의 뜻에 따라 살고자 합니다.

　로제 수사님이 늘 강조하셨던 또 다른 확신은 '착하고 어진 마음'이라는 복음의 가치입니다. 이는 세상을 변화시킬 수 있는 힘입니다. 하느님은 바로 이 착하고 어진 마음을 통해 일하시기 때문입니다. 악에 직면하여 어진 마음은 곧잘 상처 입곤 합니다. 그러나 로제 수사님이 온전히 바친 삶은 하느님의 평화가 이 땅의 모든 사람에게 결국 가장 중요하다는 사실에 대한 증거입니다.

로제 수사님은 교회에서 많은 말을 하는 것을 원하지 않았기에 저도 이제 기도로 말을 마치겠습니다:

자비로우신 하느님, 저희는 병적 행위로 로제 수사님의 생명을 앗아 간 루미니타 솔칸을 당신의 용서에 맡깁니다.

십자가에 매달리신 그리스도와 함께 저희도 당신께 말씀드립니다. 아버지, 그를 용서해 주십시오. 그는 자신이 무슨 일을 저질렀는지 모릅니다. 성령님, 루마니아 국민과 우리 떼제가 사랑하는 루마니아 젊은이들을 위해 기도합니다. 자비로 가득하신 그리스도여, 당신은 저희보다 앞서 세상을 떠났지만 저희 곁에 있는 이들과 친교를 맺으며 살아가도록 해 주십시오.

당신 손에 우리 형제 로제를 되돌려 드립니다. 그는 이미 눈에 보이지 않는 것을 보고 있습니다. 저희도 그를 따라 한 줄기 당신의 밝은 빛을 맞이하게 해 주십시오. 아멘.

발터 카스퍼 추기경의 추도사

친애하는 추기경님과 주교님, 떼제 공동체의 수사님 그리고 형제자매 여러분, 우리 모두는 우리 시대의 위대한 믿음의 지도자며 믿음의 아버지였던 분의 죽음에 큰 충격을 받았습니다. 하지만 우리의 슬픔은 희망으로 변모하고 있습니다.

로제 수사님은 하느님의 뜻에 자신을 맡기고 그저 자신을 온전히 바쳤습니다. 이것이 그분에게는 마음의 평화와 희망, 나아가 행복의 원천이 되었습니다. 이 순전한 헌신의 삶이 어느 날 이러한 사건으로 끝나게 될 줄을 누가 짐작이나 할 수 있었겠습니까? 그러나 이런 순간에도, 특히 이 순간에 우리는 더욱 로제 수사님께서 즐겨 쓰시던 구절을 반복할 수 있습니다. "주님, 당신은 저희를 사랑하십니다. 당신께서 용서하시고 가까이 계시므로 우리 안에서는 맑은 찬미가 솟아납니다." 하느님은 당신 친구들과 종들의 증언을 통해 당신의 교회를 이끌어 가시며 교회에 미래를 열어 주십니다.

로제 수사님은 자신의 존재, 언사, 모범적 행동을 통해 이 세상의 모든 경계와 분열을 초월하여 사랑과 희망의 빛을 전했습니다. 일치와 친교를 원하던 그는 마음속에서 그리고 기도 가운데서 화해와 만남에 대한 갈망을 일깨웠습니다. 그는 떼제 공동체의 형제들과 함께 교회와 세상 안에 일치의 누룩을 가져오고자 했습니다.

로제 수사님을 아프게 했던 첫째 불화는 그리스도인들의 분열이었습니다. 그는 젊은 시절부터 "아버지, 아버지께서 제 안에 계시고 제가 아버지 안에 있듯이, 그들도 우리 안에 있게 해 주십시오"(요한 17,21)라는 그리스도의 기도를 자신의 기도로 삼았습니다. 그는 그 누구와도 결렬하지 않고 깊은 형제애 안에서 분열되지 않은 교회의 믿음을 위해 일했습니다. 로제 수사님은 무엇보다도 거룩한 교회 일치를 믿었습니다. 영혼을 그 근저까지 변화시키는 거룩함, 완전한 일치로 이끄는 유일한 길인 그 거룩함을 믿었습니다. 그렇습니다. 로제 수사님의 현존과 선행先行에 영감을 받아 여러 다른 그리스도교 전통에 속하는 사람들이 서로를 존중하며 대화하고 기도하며 형제처럼 서로 나누며 만나는 떼제 언덕에서, 이 '화해의 교회' 안에서 교회 일치의 봄은 활짝 피어났습니다.

로제 수사님을 아프게 했던 둘째 불화는 민족 간, 국가 간의 분열이었습니다. 불의와 연대감의 결여가 그의 마음을 몹시 슬프게 했습니다. 그는 여러 나라에 있는 공동체 형제들이 작은 공동체를 이루고 거기서 가장 가난한 사람들과 함께 삶을 나눔으로써 사랑과 일치의 표징을 세우기를 원했습니다. 이 단순한 표징이 그에게는 아주 중요했습니다. 이 표징은 하느님 나라의 축소판으로서 하느님 나라의 도래를 예언하는 표징이며 무관심과 냉담이 지배하는 세상에서 우정과 화해의 씨앗이 되기 때문입니다.

로제 수사님에게는 하느님 사랑과 인간애, 기도와 헌신, 행동과 묵상이 따로 떨어져 있지 않고 온전히 결합되어 있었습니다. 로제 수사님은 주님께서 수도 생활의 고요와 고독을 살라고 부르신 묵상과 기도의 사람이었습니다. 그럼에도 그는 수도자의 심장과 떼제 공동체를 전 세계 젊은이들을 위해, 그들의 구도求道와 희망, 기쁨, 고통, 그들의 삶과 믿음의 길을 위해 활짝 열고자 했습니다. 한 달 전에 출간된 그의 마지막 책은 이렇게 맺고 있습니다. "젊은 세대를 향한 나의 신뢰를 거듭 새롭게 표현하기 위해서라면 나는 세상 끝까지라도 가겠다." 로제 수사님은 한 사람이 길을 갈 때 동행해 주고 영적으로 이끌어 주는 지도자 이상이었습니다. 그는 많은 사람에게 아버지나 다름없었습니다. 그는 영원하신 아버지와 그분의 보편적인 사랑을 반영하던 사람이었습니다. 우리가 이 교회에 함께 모인 것은 한 삶에 대해 이야기하기 위해서가 아니라 하느님을 찬양하고 찬미하기 위해서입니다.

그리스도의 교회와 인류가 로제 수사님의 삶과 그의 증언을 통해 얻은 모든 것에 감사하면서 오늘 우리는 그를 하느님의 영원한 사랑에 맡깁니다.

주님, 당신의 종이 "하늘이 열려 있고 사람의 아들이 하느님 오른쪽에 서 계신 것"(사도 7,56)을 보도록 해 주십시오. 그는 평생 동안 예수님을 사랑했고 갈망했습니다. 그로 하여금 성령 안에서 성인들의 친교와 천상의 온전한 전례, 그가 매일 살고 노래하고 기도하고자 했던 하느님과의 일치 안에 들게 하소서. 그가 영원하신 아버지의 얼굴, 모든 사랑의 눈길이 성취되고 끝없는 생명이 비치고 있는 아름다운 그 얼굴을 바라볼 수 있게 해 주소서. 저희가 로제 수사님을 모범으로 삼아 가득 찬 희망으로 당신의 영원한 나라를 지금 이 자리에서 미리 이루기 위해 화해와 일치 그리고 평화의 길을 계속 걸어갈 수 있도록 은총을 베풀어 주소서.

성령이여,
당신은 모든 사람 안에 살고 계십니다.
당신은 저희에게 오시어
복음에서 가장 중요한
어진 마음과 용서를 저희 안에 심어 주십니다.

사랑하는 일, 이것을 저희 삶을 통해 보여 주는 일.
어진 마음으로 사랑하는 일, 용서하는 일.
당신은 저희로 하여금 바로 이 가운데서
평화와 기쁨의 원천을 발견하도록 해 주십니다.

                                                로제 수사

맺는 말

책 한 권을 쓸 때 이 책을 다 썼다고 말할 수 있는 때는 언제일까? 어떤 주제, 어떤 일을 다 서술했을 때 비로소 그 책을 다 쓴 것일까? 그럴지도 모른다. 하지만 독자 손에 들려 있는, 어쩌면 이미 다 읽었을 이 책은 길의 일부, 거듭 새롭게 쓰여야 할 역사의 일부다.

떼제는 완성된 작품이 아니라 많은 사람과 함께 '이 세상 신뢰의 순례길'을 가고 있는 살아 있는 공동체다. 로제 수사는 '하느님의 오늘을 사는 일'이 중요하다고 했다. 이 책의 이야기들과 지난 일에 대한 기억들이 보여 주듯 떼제 공동체는 로제 수사가 없는 지금 그리고 앞으로도 '하느님의 오늘을 살기' 위해 노력할 것이다.

"떼제의 강점은 비판, 지적 자극, 의문 제기, 예측, 회고, 책으로만 가르치는 신학이 아니라 남의 말을 귀 기울여 듣는 일, 깨어 있는 마음, 침묵, 함께 노래 부르기, 기도에 있다. 떼제에 간다는 것은 함께 믿음의 잔치를 벌이는 일, 상하의 구별을 없애는 일, 경계를 극복하는 일, 살아갈 용기를 찾고 발견하는 일을 뜻한다." 서로 함께 가는 이 길의 목표는, 떼제가 눈에 보이는 복음적 친교의 장소가 되는 것이다. 떼제에서 뿐 아니라 사람들이 그들의 '오늘'로 되돌아오는 곳은 어디든 친교의 장소가 될 것이다. 하느님의 창조적 영과 함께 살고 기도하고 일하는 곳도 친교의 장소가 될 것이다.

로제 수사의 장례식을 치른 지 열흘 후에 이 책을 준비하기 위해 떼제에 갔다. 참 특별한 시간이었고 집중적인 만남이 이루어졌다. 떼제를 떠날 때 우리는 많은 것을 그곳에 남겨 놓았으며 동시에 우리 삶을 위해 많은 것을 얻어 왔다. 이 책은 우리가 얻은 그 많은 것 가운데 일부를 다양하고 개방적인 자세로 보여 주고자 한다. 이 책을 읽고 많은 사람, 특히 젊은이들이 그런 체험을 할 용기를 얻기를 바란다.

「온 세상아 주님을 찬양하라」, 이 노래가 떼제의 종탑 아래 모인 사람들을 맞아 주면서 마음속에 울려 퍼진다. 우리가 아침기도 후 떼제를 떠나 다시 일상으로 되돌아가려고 할 때(무엇보다 이 책을 쓰는 일이 우리를 기다리고 있었다) 노래 한 곡이 우리를 동행해 주었다.

    하느님, 저를 보호해 주소서.
    당신을 신뢰하오니
    생명의 길을

제게 보여 주소서.
당신 곁에는 기쁨이,
넘치는 기쁨이 있습니다.

살다가 때때로 어려움에 부딪히더라도 많은 이가 이곳에서 신뢰와 충만한 기쁨을 체험하기를 바란다.

예수 그리스도여,
사람들이 당신을 그토록
가혹하게 대했을 때도
당신은 그 어느 누구도
몰아세우지 않고
모두를 용서하셨습니다.
당신처럼 저희도 용서의 길을,
마음이 아주 소박한 사람으로 살 수 있는 길을
발견하고 싶습니다.

로제 수사

1974년 10월 13일 프랑크푸르트 바오로 교회, 독일 출판협회 평화상 수여식

1974년 독일 출판협회 평화상 수여식
발터 셸 서독 대통령과 헬무트 콜 기독민주연합(CDU) 의장과 함께

독일 출판협회 평화상 수여식, 평화와 떼제에 관한 대화

1978년 프라이부르크, 마더 데레사와 함께

1980년 드레스덴 십자가 교회에서 열린 촛불 기도.
게르하르트 샤프란 주교, 작센 주 루터교 지방 교회 감독 요한네스 헴펠 박사,
청소년 담당 크리스토프 치머 목사, 동방정교회 대표 등이 참석했다.

1981년 로마 '유럽 젊은이 모임'
성 베드로 대성당에서 연설을 마친 로제 수사를 포옹하는 요한 바오로 2세

1996/97년 슈투트가르트 '유럽 젊은이 모임'

1999년, 떼제 촛불 기도

1999년, 기도 후 방문객 축복

2003년 함부르크 '유럽 젊은이 모임' 개회사

2004년 바르셀로나 '유럽 젊은이 모임'

'화해의 교회'에서

아이들과 함께

낮 기도

2005년 4월 8일 교황 요한 바오로 2세의 장례 미사
요제프 라칭거 추기경(현 교황 베네딕도 16세)이 로제 수사에게 영성체를 베풀었다.

2005년 쾰른 '세계 청년 대회' 기간 중, 로제 수사를 추모하며

로제 수사의 장례식, 추도사를 읽는 알로이스 수사

로제 수사의 장례식, 독일 개신교 연합 회장 볼프강 후버 박사와
프랑스 개신교 연합 회장 겸 유럽 교회 협회 회장 장 아르놀 드 클레르몽

남쪽에서 본 떼제 마을

집필진

라인하르트 배더Reinhardt Bäder
1963년생, 하우즈아흐에 있는 로베르트게르비히 김나지움에서 음악과 지리를 가르치고 있다. 떼제 음악을 교재로 쓴다.

베르톨트 부르크하르트Berthold Burkhardt
1937년생, 11년 동안 슈투트가르트 독일 개신교 연합 기아 구호 단체인 '세상을 위한 빵'(Brot für die Welt)의 교육 담당자로 일했다. 1980년부터 대안 작업인 "Aktion 'e'"에서 일하고 있다. 바흐홀더호프에서 무공해 농작물을 재배하며 환경 문제 세미나를 열기도 한다. 개발도상국과의 협력 문제와 생태학 분야 자유 기고가로 일하고 있다.

알로이스 수사Frère Alois
1954년 뇌르틀링겐에서 태어났다. 신학을 공부했고, 1974년부터 떼제에 살고 있다. 2005년부터 떼제 공동체의 원장직을 맡고 있다.

브루노 수사Frère Bruno
1973년 스위스 우스터에서 태어났다. 초등교육을 공부했으며 1998년부터 떼제에 살고 있다.

볼프강 수사Frère Wolfgang
1953년 레겐스부르크에서 태어났다. 신학을 공부했으며 1975년부터 떼제에 살고 있다.

크리스티네 라이Christine Lay

　1974년생, 실업학교에서 개신교, 독일어, 생물을 가르치고 있다. 1993년부터 혼자서 혹은 학생들을 데리고 떼제를 방문한다.

클라우스 리트Klaus Rieth

　1955년생, 신학자며 언론인이다. 현재 뷔르템베르크 주 개신교 홍보직을 맡고 있으며, 한때 '세상을 위한 빵'의 홍보 책임을 맡았다. SDR와 SWF, epd-Würtemberg의 자유 기고가로 일하고 있다.

토마스 자이테리히크로이츠캄프Dr. Thomas Seiterich-Kreuzkamp

　1955년생, 신학자, 역사학자, 오버우르젤의 비판적 그리스도인들의 신문 「푸블릭포룸」Publik-Forum의 편집자다.

카를 슈네처Carl Schnetzer

　1955년 바젤에서 태어났다. 취리히에서 초등교육을 공부했으며, 바젤에서 신학을 공부했다. 1984년부터 1986년까지 떼제에서 젊은이 모임을 도왔다. 1987년부터 1991년까지 동유럽 여러 나라를 다녔으며 떼제의 젊은이 모임을 도왔다. 1991년 취리히에서 개혁 교회 목사 안수를 받았다.

안드레아스 슈퇴클Dr. Andreas Stökl

　1939년 함부르크에서 태어났다. 엘베 강 북부 지역 루터교 목사며, 2004년부터는 그루지야의 루터교 지방 교회 감독이다. 1972년에 「떼제 공동체: 교회 선교의 전제 조건과 핵심인 교회 일치」Communauté de Taizé: Die Einheit der Kirche als Voraussetzung und Inhalt der Mission der Kirche를 주제로 박사 학위를 받았다. 목사인 그의 동생도 1962년 떼제 공동체에 입회했으며 브라질의 공동체에서 살고 있다.

폴 리쾨르 Dr. Paul Ricoeur

    1913년 발랑스에서 태어났다. 1935년 소르본 대학에서 교수 자격을 취득했다. 1948년부터 1953년까지 스트라스부르 대학에서, 그 후 소르본 대학에서 철학 교수를 지냈다. 1970년에 시카고 대학에서 폴 틸리히의 신학 교수좌를 넘겨받았다. 떼제 공동체가 설립될 때부터 떼제의 성실하고 오랜 친구였던 그는 떼제가 발표한 많은 서한과 글에 큰 영향을 미쳤다. 2005년 초에 작고했다.

표지 사진 © KNA-Bild
표제지 사진 http://commons.wikimedia.org/wiki/File:Taizéprayer.JPG
사진 1, 3, 4, 6 © KNA-Bild
사진 7, 10, 11 © Picture-Alliance/dpa
사진 8, 9 © Picture-Alliance/epd
사진 12 © Picture-Alliance/Godong
사진 15, 16 © Picture-Alliance/dpa/dpaweb
사진 13, 14, 17, 18, 19 © Ateliers et Presses de Taizé/Sabine Leutenegger
사진 2, 5 © Ateliers et Presses de Taizé